Bernard Jakoby

Was geschieht, wenn wir sterben?

Bernard Jakoby

Was geschieht, wenn wir sterben?

Antworten auf die wichtigsten Fragen zum Tod

nymphenburger

MIX
Papier aus verantwortungsvollen Quellen
FSC® C014496
FSC
www.fsc.org

Schutzumschlag: Wolfgang Heinzel
Schutzumschlagmotiv: Andrea Schoenrock, plainpicture
Satz: EDV-Fotosatz Huber/Verlagsservice G. Pfeifer, Germering
Gesetzt aus 10,6/14,9 pt Sabon LT
Druck und Binden: GGP Media GmbH, Pößneck
Printed in Germany
ISBN 978-3-485-02846-2

Auch als ebook

www.nymphenburger-verlag.de

Inhalt

Einleitung

Seit vielen Jahren gebe ich Seminare und halte Vorträge zum Thema Sterben und Tod. Es ergeben sich dabei viele persönliche Kontakte und Gespräche und mir werden immer wieder dieselben Fragen gestellt. Dies nahm ich zum Anlass, ein Buch mit Antworten auf genau diese Fragen zu veröffentlichen. Die Antworten repräsentieren das heutige Wissen der Sterbeforschung, das leider immer noch nicht in der breiten Öffentlichkeit angekommen ist, obwohl es vielen eine Hilfestellung sein könnte – gerade auch im Umgang mit der Angst vor dem Tod. Sollten Sie eine Frage haben, die Sie hier nicht berücksichtigt finden, schreiben Sie mir eine E-Mail oder sprechen Sie mich nach einem meiner Vorträge an (www.sterbeforschung.de).

Meinen ganz persönlichen Zugang zu diesen Themen fand ich in frühester Jugend. Als im Jahr 1977 das Buch von Raymond Moody »Leben nach dem Tod« erschien, eröffnete sich mir eine völlig neue Perspektive. Es handelte sich um die erste Studie, die das Phänomen der Nahtoderfahrungen einem breiten Publikum nahebrachte und Aufschluss darüber gab, was beim Sterben mit uns geschieht. Die vielfältigen Berichte boten tiefe Einblicke in ein Leben nach dem Tod.

Ungefähr zur selben Zeit war die aus der Schweiz stammende Pionierin der Sterbeforschung, Elisabeth Kübler-

Ross, häufiger Gast in Gesprächsrunden. Ihre fundamentalen Einsichten in den Sterbeprozess veränderten den Umgang mit Sterbenden, die bis dahin in Abstellkammern abgeschoben worden waren, grundlegend. Elisabeth Kübler-Ross machte das Sterben öffentlich und beendete die Hilflosigkeit und Unwissenheit, wie eine sinnvolle Sterbebegleitung aussehen könnte.
All diese Dinge haben mich damals tief berührt und ich las jedes Buch, das mir über diese Thematik in die Hände fiel. Während meines literaturwissenschaftlichen Studiums befasste ich mich intensiv mit psychologischen und soziologischen Aspekten von Sterben und Tod.
1986 erkrankte meine Mutter an Magenkrebs und musste sich mehreren Operationen unterziehen. Sie weigerte sich, über ihren möglichen Tod zu sprechen, nahm jedoch tapfer die gravierenden körperlichen Einschränkungen in Kauf, da sie noch nicht sterben wollte. 1988 erkrankte mein Vater an Darmkrebs und auch er hatte sich vielfältigen Eingriffen zu stellen. Die Erkrankungen meiner Eltern veränderten mein Leben einschneidend. Es war mir überaus wichtig, für sie da zu sein, und ich erhielt so einen tiefen und sehr persönlichen Einblick in den Verlauf von Sterbeprozessen – wobei es vor fünfundzwanzig Jahren noch nicht die Möglichkeit einer lindernden Schmerztherapie gab, wie wir das heute durch Palliativstationen, Hospize oder Schmerztherapeuten kennen.
Mein Vater starb im August und meine Mutter im November 1990. Das größte Geschenk meiner Mutter war, dass sie sich im Augenblick ihres Todes von mir

verabschiedete. Ich spürte buchstäblich, wie ihre Seele in mein Herz strömte, um dort Teil meiner Innenwelt zu werden. Dieses Erlebnis war für mich die Initialzündung, mich fortan noch intensiver mit Sterben und Tod zu beschäftigen. Ich hatte die persönliche Erfahrung gemacht, dass die Seele des Menschen nach dem Tod weiter besteht.

Dies bewirkte eine Neuorientierung in meinem Leben. Mir war dadurch bewusst geworden, wie wenig die Menschen über die Vorgänge beim Sterben, über Nahtoderfahrungen und die reale Existenz der Nachtoderfahrungen wissen. Ich beschloss, dazu beizutragen, das heutige Wissen über das Sterben bekannter zu machen. Aus diesem Grund ging ich nach Berlin und suchte zunächst durch Zeitungsanzeigen oder in spirituellen Gruppen nach Zeugnissen und Aussagen von Menschen, die Nahtod- oder Nachtoderfahrungen gemacht hatten. Sterbeforschung ist eine rein empirische Wissenschaft, die durch Befragungen, Auswertungen oder Auswirkungen beispielsweise eines Todesnähe-Erlebnisses Kriterien darüber erstellt hat, was unter einer Nahtoderfahrung zu verstehen ist.

Gegenwärtig haben circa vier Millionen Menschen in Deutschland eine Nahtoderfahrung (NTE) erlebt. Wir wissen heute mehr als jemals zuvor darüber, was mit uns geschieht, wenn wir sterben, und dass der Mensch mehr ist als eine Körpermaschine. Bis heute sind unzählige wissenschaftliche Studien über sämtliche Aspekte der NTE erschienen, die allesamt belegen, dass Bewusstsein unabhängig vom Körper existiert.

Ziel und Sinn meiner Arbeit ist es, dazu beizutragen, die Berührungsangst vor den Themen Sterben und Tod aufzulösen. Das ist in gewissem Sinn keine streng wissenschaftliche Arbeit – das Überschreiten der Todeslinie lässt sich nicht empirisch messen –, sondern eine konkrete Hilfestellung, selbst erlebte Phänomene besser verstehen und einordnen zu können. In diesem Sinne ist Sterbeforschung nach meinem Verständnis Lebenshilfe.

In den letzten Jahren habe ich sehr viele Vorträge und Seminare im gesamten deutschsprachigen Raum abgehalten. Dabei teilten mir sehr viele Menschen ihre persönlichen Erlebnisse mit, ebenso durch E-Mails, Briefe oder Telefonate. Ich kann deshalb nur betonen, dass alle Phänomene, die ich in meinen Büchern beschreibe, die Essenz einer Fülle persönlicher Erfahrungen sind.

Durch die Frage-Antwort-Form dieses Buchs war es zwangsläufig notwendig, verschiedene Aspekte und Inhalte zum besseren Verständnis zu wiederholen. Sollten Sie dieses Buch am Stück lesen, so bitte ich Sie an dieser Stelle um Verständnis. Sollten Sie sich für einzelne Fragen interessieren und nicht chronologisch lesen, sind Sie mir hingegen wahrscheinlich dafür dankbar.

Obwohl der Tod uns alle betrifft, besteht immer noch eine große Scheu, sich damit auseinanderzusetzen oder den eigenen Wahrnehmungen oder Impulsen im Umgang mit dem Sterben zu vertrauen. Wenn meine Bücher oder die persönlichen Gespräche mit Betroffenen dazu beitragen, den Menschen etwas von der Angst vor Sterben und Tod zu nehmen und ihnen damit auch einen neuen Blick auf ihr Leben zu eröffnen, ist meine Aufgabe mehr als erfüllt.

Sterben

1. Warum müssen wir sterben?

Der Tod gehört zum Leben und ist eine biologische Notwendigkeit, da sich die Zellen unseres Körpers nicht endlos reproduzieren lassen. Geburt und Tod sind eine Einheit, wodurch die begrenzte Dauer des Lebens in einem Körper definiert ist. Die Lebensenergie zieht sich im Laufe des Lebens zurück oder wird durch einen Unfall oder eine schwere Erkrankung geschädigt und wir sterben. Gemessen an der Ewigkeit unserer geistigen Existenz sind wir für eine relativ kurze Zeitspanne auf der Erde.

Irgendwann sind die Reserven unseres Körpers einfach aufgebraucht und dann ist der Tod für viele eine Erlösung. Es ist eine Illusion zu hoffen, dass wir eines Tages ewig im Körper leben können – allen medizinischen und wissenschaftlichen Versprechungen zum Trotz. Der Körper ist vergänglich und ich frage mich manchmal, was der Preis der Verlängerung unseres Lebens wäre: ein beständiger Austausch von Organen und allen lebenswichtigen Funktionen? Oder ein Gehirn, welches das vermeintliche Denken eines Menschen einspeist in die virtuelle Welt eines Computers? Oder das Einfrieren eines schwer erkrankten Körpers in der Hoffnung, dass er in der Zukunft geheilt werden kann? Wie will man uns dann wieder aufwachen lassen?

Jeder hat eine spezifische Lebensaufgabe. Wenn diese erfüllt ist, kann der Mensch in seine geistige Heimat zurückkehren. Ein Kind, das mit fünf Jahren an Krebs stirbt, trägt zum geistigen Wachstum seiner Familie bei, die nun aufgefordert ist, sich mit Sterben und Tod auseinanderzusetzen, um Liebe, Verständnis und Akzeptanz zu lernen. Andere wiederum erkennen erst im hohen Alter, während ihres Sterbeprozesses, dass ihre Angst vor dem Leben und vor anderen verhindert hat, das Geschenk der göttlichen Liebe in sich anzunehmen.

Es gibt keine Sicherheiten gegen die Wechselfälle des Lebens und wir können nur versuchen, uns ihnen mit Akzeptanz zu stellen. Wir können die Tatsachen des Lebens nicht ändern, doch wir können unsere Einstellungen dazu ändern, indem wir aus dem Unwissen heraustreten und immer besser verstehen lernen, wer wir als Menschen wirklich sind.

Wir sind nicht der Körper, sondern ewige geistige Wesen, die durch den Tod in ihre geistige Heimat zurückkehren. Bewusstsein existiert unabhängig vom Körper und wir sind nicht an eine Form gebunden. Wie heißt es dazu in der Bibel: »Mein Reich ist nicht von dieser Welt.« Wann werden wir das endlich verstehen?

2. Warum ist es so wichtig, sich mit dem Thema Sterben auseinanderzusetzen?

Alle Menschen werden früher oder später in ihrem Leben mit der Vergänglichkeit konfrontiert. Meist ist der Auslöser der Verlust eines geliebten Menschen, der uns die Tatsache vor Augen führt, dass auch wir sterben werden. Es nützt überhaupt nichts, sich vor dieser exis-

tenziellen Frage zu verstecken und die damit verbundenen Ängste zu verdrängen.
Wer mit sich selbst ins Reine kommen möchte, um das Leben in Fülle und Liebe zu genießen, kommt nicht umhin, sich mit dem Sterben auseinanderzusetzen. Solange wir in Angst, Sorge und Zweifel leben, versperren wir uns dem Fluss des Lebens im gegenwärtigen Augenblick. Eine persönliche Auseinandersetzung mit dem Thema Sterben kann dazu führen, Geburt und Tod als natürliches Geschehen zu akzeptieren und dadurch eine tiefe Dankbarkeit für das Wunder des Lebens zu entwickeln.
Wer den Mut aufbringt, sich mit dem heutigen Wissen über das Sterben zu beschäftigen, vermag tiefsitzende Ängste aufzulösen. Dabei befreit vor allem die Erkenntnis, dass dem Sterben die tröstliche Gewissheit innewohnt, dass der Tod nur ein Wandel der Form ist als Übergang in eine andere Frequenz des Seins. Wir sind ewige Wesen und als solche unsterblich, das bezeugen die Nahtod- und Nachtoderfahrungen sowie die auftretenden Phänomene im Sterbeprozess.

3. Wie kann ich mich auf mein Sterben vorbereiten?

Eine der wichtigsten Vorbereitungen auf das Sterben ist die Bewusstwerdung, dass auch wir sterblich sind, anstatt zu leben, als ginge der Tod nur andere an. Grundsätzlich kann der Tod zu jeder Zeit in unser Leben treten – durch einen Unfall, einen Herzinfarkt etc. Wir wissen nicht, wann wir sterben werden, in welchem Jahr oder Monat, an welchem Tag oder zu welcher Zeit. Ebenso wenig wissen wir, wie wir sterben werden. Deswegen sollten wir uns die Tatsache der Sterblichkeit immer wieder vor Augen halten, dann kann der Tod uns nicht unvorbereitet treffen und der endgültige Abschied von dieser Welt wird sanft vollzogen werden.

Der Tod gehört zum Leben und wir sind in den ewigen Kreislauf von Kommen und Gehen eingebunden. Es ist nur das Ego, das auf Bleiben, Verweilen, Festhalten fixiert ist und nicht loslassen will. Wenn wir mit dem Sterben wirklich offen umgehen wollen, ist die Überwindung der inneren Widerstände gegen diese Vorstellungen unausweichlich.

Leider leben wir allzu häufig nur die Impulse des Egos. Statt den unzerstörbaren und ewigen Kern unserer Innenwelt zu erkennen, führen die Fallstricke des Egos zu den sich stets wiederholenden Reaktionsmustern des Menschen:

1. Festhalten, Anhaften, Klammern
2. Ablehnung und Zurückweisung
3. Gleichgültigkeit und Ignoranz

Damit verbunden sind Gier, Hass, Angst, Neid, Verblendung. All diese Eigenschaften beschwören das Negative in unserem Leben herauf und führen zu Kummer, Schmerz, Urteilen oder Angriff. Und genau diese Ego-Dynamik erschwert das Sterben: Wir halten fest und klammern uns an Menschen, Besitz, Gesundheit,

Gegenstände, das Leben und sind deshalb nicht fähig, uns dem Sterbeprozess hinzugeben. Viele Sterbende sind wütend, kämpfen und bekämpfen den nahenden Tod. Je mehr Gegenwehr vorhanden ist, desto schwieriger gestaltet sich der Sterbeprozess. Wir wehren uns gegen das Sterben, gegen die Krankheit, gegen eine höhere Macht. Andere werden gleichgültig und lethargisch und lassen sich betäuben, damit das Sterben nicht bewusst erlebt werden muss. Immer noch wollen wir beherrschen und bestimmen, doch das Sterben konfrontiert uns mit der Tatsache, dass es Dinge zwischen Himmel und Erde gibt, die wir nicht länger kontrollieren können.

Indem wir uns mit den eigenen inneren Widerständen schon im Leben beschäftigen, können wir uns innerlich auf das Sterben vorbereiten. Alle Dinge, die nicht erledigt sind – ungeklärte Streitigkeiten, Verletzungen, die wir anderen bewusst oder unbewusst zugefügt haben, abgebrochene Beziehungen oder Freundschaften, Aggressionen und Wut, Angst und Schmerz, die von anderen hervorgerufen wurden – all das tritt im Sterbeprozess an die Oberfläche des Bewusstseins.

Alles, was unterdrückt wurde und wir nicht wahrhaben wollten, kommt ungefiltert hoch. Unerledigte Angelegenheiten sind für viele Sterbende quälender als alle körperlichen Schmerzen. Wenn wir schon während unseres Lebens die noch offenen Konflikte bereinigen würden, hätten wir Frieden im Sterbeprozess. Deswegen sollten wir nichts auf morgen oder übermorgen vertagen und uns im Hier und Jetzt fragen, wen wir noch um Verzeihung bitten sollten oder wem wir selbst noch verzeihen müssten. Wem müssen wir noch unbedingt sagen, wie sehr wir ihn lieben? Welche Träume haben sich nicht erfüllt? Sind wir uns selbst treu geblieben?

Es ist wichtig, die eigenen Schatten zu beleuchten. Nur dann können wir innerlich heil werden und dem Sterben gelassen entgegensehen. Es lebt sich freier und es stirbt sich auch besser mit einem unbelasteten Herzen. Die bewusste Auseinandersetzung mit den eigenen Emotionen und Gefühlen und ihre Hinterfragung führen darüber hinaus in seelisch-geistiges Wachstum und vermögen den Ballast der Vergangenheit aufzulösen.

Machen wir uns bewusst, woran wir hängen und was wir ablehnen? Wann verhalten wir uns gleichgültig und achten nicht auf unsere Bedürfnisse? Erlauben wir uns, ehrlich mit uns selbst zu sein. Dieser Prozess sollte möglichst nicht von Wertungen und Urteilen begleitet sein, sondern uns dabei helfen, bestimmte Verhaltensweisen zu durchschauen. Dann brauchen wir im Sterben nichts zu bedauern, was wir versäumt haben. Sterbende verweisen darauf, was wirklich wichtig ist.

Die Australierin Bronnie Ware arbeitete als Krankenschwester auf der Palliativstation eines Krankenhauses und schrieb den Weltbestseller »Fünf Dinge, die Sterbende am meisten bereuen«. Wenn wir uns mit diesen fünf Einsichten beschäftigen und auseinandersetzen, hilft uns dies auch, ein leichtes und glückliches Leben zu führen:

1. Ich wünschte, ich hätte den Mut gehabt, mir selbst treu zu bleiben, statt so zu leben, wie andere es von mir erwarteten.
2. Ich wünschte, ich hätte nicht so viel gearbeitet.
3. Ich wünschte, ich hätte den Mut gehabt, meine Gefühle zum Ausdruck zu bringen.
4. Ich wünschte, ich hätte den Kontakt zu meinen Freunden gehalten.
5. Ich wünschte, ich hätte mir mehr Freude gegönnt.

Wir tun viel mehr, um Schmerz zu vermeiden, als selbst in die Freude zu gehen. Viele haben daher nicht den Mut, Veränderungen vorzunehmen, sondern erst dann, wenn der Schmerz zu groß wird. Aller Schmerz, den uns andere zufügen, ist immer nur eine Projektion des eigenen Leidens. Wer wirklich mit sich im Reinen ist, verurteilt andere nicht.

Im Sterben muss alles, was uns ans Leben gebunden hat, endgültig losgelassen werden. Das ist häufig das Schwierigste, was der Sterbende zu leisten hat. Alles, was uns auf der Erde von Bedeutung war, muss zurückgelassen werden. Niemand kann sein Geld oder seinen Schmuck, sein Haus oder seinen Besitz mitnehmen. Ebenso müssen wir unsere Kinder, die Familie, Partner oder Freunde zurücklassen.

Sterben ist für viele Menschen sehr schwer, weil alle körperlichen Anhaftungen aufgelöst werden müssen. Deswegen liegen manche wochenlang im Sterben und lehnen sich auf. Sie können ihr Sterben nicht akzeptieren und viele hoffen bis kurz vor ihrem Tod, dass noch ein Wunder geschieht.

Was hält den Sterbenden im Hier und Jetzt fest? Es ist das Ego, unsere Gedanken und Emotionen, jener Teil von uns, der sich in der Dualität zwischen Gut und Böse bewegt hat. Um loslassen zu können, muss der Sterbende erkennen, wer ihn festhält oder woran und was festgehalten wird. Schlussendlich ist es das Ego und die Angst vor dem Unbekannten.

Wir können schon jetzt, während unseres Lebens, herausfinden, was das Ego mit uns macht und wie es uns an äußeren Dingen anhaften lässt. Wer diese Mechanismen durchschaut, kann besser loslassen, auch im Sterben. Wir können uns ein Leben lang im Loslassen üben: indem wir uns von Gegenständen trennen, sie verschenken; indem wir uns nicht an Beziehungen und Freundschaften klammern, die zerbrechen; indem wir Verluste jeder Art akzeptieren und annehmen etc. Es ist stets das Ego, das mault und schreit, sich entwurzelt fühlt, wenn es nicht ständig Aufmerksamkeit erhält.

Ein anderer Mensch kann nie eine absolute Heimat sein, allenfalls bedingt. Niemand kann das Vertrauen, die göttliche Anbindung in uns selbst, ersetzen. Menschen sind fehlbar, auch wenn sie ihr Bestes versuchen, und deswegen gilt diese Tatsache für Eltern ebenso wie für Kinder oder auch Freunde, die nur eine trügerische Sicherheit vermitteln können. Und sie gilt noch mehr für alles Materielle, was überhaupt keine Sicherheit bieten kann und letztlich auch vergänglich ist.

Wahre Zuflucht und Sicherheit finden wir nur in uns selbst: im göttlichen Funken des höheren Selbst. Dort ist in jedem Menschen die uneigennützige und bedingungslose Liebe des Schöpfers manifestiert. Diese wahre Heimat ist geistiger Natur und nicht von dieser Welt. Wer das in sich entdeckt, kann immer mehr loslassen und fokussiert sich auf das einzige Ziel unserer Existenz: in die göttliche Liebe zu erwachen.

Das ist gleichzeitig die tiefste Erfahrung im Sterben. In der Einswerdung mit dem Göttlichen können wir loslassen und alles Irdische und alle Anhaftungen lösen sich auf.

Liebe, die einen anderen braucht, ist keine Liebe. Sie nährt sich nicht aus sich selbst, sondern aus dem Vergleich und Kräftemessen mit anderen. Diese Art von Liebe geht allein vom Verstand aus, nicht vom Herzen. Die Herzensliebe nimmt den anderen, wie er ist, und verlangt keine Veränderung.

Wer in der wahren Liebe ist, ist nicht abhängig von einer Beziehung. Erst wenn das Ego stirbt oder aufgelöst wird, sind wir fähig zur universellen Liebe.

Dieser Prozess beginnt damit, Mitgefühl für sich selbst zu entwickeln, statt ständig der eigene schärfste Kritiker sich selbst gegenüber zu sein.

Wie oft sind wir nicht zufrieden mit dem, was wir leisten? Nichts erscheint gut genug. Wir sind unzufrieden mit unserem Körper: Er ist zu dick, zu dünn, zu klein, zu groß, zu faltig oder zu schmächtig. Wir wollen illusionären Wunschbildern entsprechen, die uns als gut und schön verkauft werden, statt uns anzunehmen, wie wir sind. Dabei vernachlässigen wir oft den eigenen Körper, bis sich eine Krankheit herausbildet. Mitgefühl und Liebe für uns selbst, Dankbarkeit für den

Körper, der uns geschenkt wurde, sind die Grundlage der Liebe zu anderen und der bedingungslosen universellen Liebe.
Daraus resultiert Mitgefühl für andere Menschen und für alle Lebewesen. Wer sich mit all diesen Zusammenhängen auseinandergesetzt hat, wird den Tod nicht länger fürchten. Wahre Liebe weist weit über den Tod hinaus, denn der Tod schenkt uns auch die Möglichkeit, unser wahres Selbst zu erkennen, das, was unser Inneres ausmacht. Wahre Liebe lässt los und haftet nicht an, klammert nicht und hält nicht fest. Sie lässt geschehen und stellt keine Bedingungen. Liebe überwindet alles Vergängliche, um dadurch selbst unvergänglich zu werden. Liebe ist das Unsterbliche in jedem Menschen.

4. Es wird oft der Satz zitiert, dass sterben lernen leben lernen heißt. Was können wir von Sterbenden lernen?

Wenn sich Sterbende mit ihrem Leben auseinandersetzen, wird ihnen häufig bewusst, was hätte anders verlaufen können, wenn sie nicht so abhängig gewesen wären vom Denken oder der Meinung anderer. Viel Stress, Ärger oder Ängste hätten vermieden werden können, wenn sie mehr auf ihren inneren Kompass, ihre innere Stimme gehört hätten. Durch das ständige Eingebundensein in Wertungen und Urteile vergessen viele, ihre eigenen innersten Bedürfnisse zum Ausdruck zu bringen.

Wir können von Sterbenden lernen, was wirklich wichtig ist in unserem Leben. Der Mangel an Liebe durch Wut, Hass, Zorn und Angst bringt keinen inneren Frieden. Diese Erkenntnis haben viele Sterbende in ihren letzten Lebenstagen. Deswegen sehnen sie sich nach Aussprache und Versöhnung.

Wenn das letzte Bett erreicht ist und der Sterbende fühlt, dass seine irdische Zeit zu Ende geht, treten alle nicht erledigten Dinge an die Oberfläche des Bewusstseins. So mancher erkennt, dass er sich zu wenig Zeit für die engsten Angehörigen genommen hat, weil Arbeit und Geldverdienen wichtiger waren.

Vielen wird nun bewusst, wie kleinlich und engstirnig sie in Konflikten gehandelt und wie sehr sie andere dadurch verletzt haben. Alles, was an negativen Gefühlen hochkommt, erschwert die Akzeptanz des Sterbenmüssens. Sturheit, Verbohrtheit und Groll machen uns schon zu Lebzeiten das Leben zur Hölle. Wir projizieren Schuld auf andere oder können uns selbst nicht vergeben. Sterbende machen uns darauf aufmerksam, dass es viel sinnvoller ist, Konflikte im Hier und Jetzt zu bereinigen.

Es zeigt sich immer wieder, dass im Sterben der Damm des Verdrängens bricht. Je mehr Unerledigtes vorhanden ist, desto schwieriger gestaltet sich der Sterbeprozess durch Widerstand und Gegenwehr. Wer sein Leben lang seine Gefühle nicht ausdrücken konnte, hat es dann besonders schwer. Unerledigtes hindert uns, die Liebe, die sich von innen nach außen ausbreitet, anzunehmen.

Das Unbekannte macht dann Angst, obwohl die meisten Sterbenden am Ende des Prozesses ihr Sterben annehmen können und die Angst durchschreiten. Es ist überaus wichtig zu verstehen, dass jeder Sterbende seine eigene Seelenarbeit leisten muss. Das mündet in die Bereitschaft, das Leben loszulassen. Die Reise in die andere Welt kann er nur allein unternehmen.

5. Was ist eine gute Sterbebegleitung?

Alles, was wir tun können, ist, vorbehaltlos für den Sterbenden da zu sein und achtsam auf seine Bedürfnisse einzugehen. Wir können einen Menschen, der kurz vor seinem Tod steht, weder retten noch heilen. Doch wir können einen Sterbenden dabei unterstützen, seinen bevorstehenden Tod anzunehmen. Wenn wir das Herz öffnen, sind wir im Mitgefühl und können uns auf die Bedürfnisse des Sterbenden einschwingen. Wir stellen unsere eigenen Belange als Privatperson zurück und signalisieren Gesprächsbereitschaft und dass wir bereit sind, zuzuhören.
Es ist wichtig, auf alle Themen und Fragen des Sterbenden einzugehen. Deswegen sind Authentizität und Offenheit notwendig. Sterbende spüren sofort, wenn jemand unaufrichtig ist. Ihr Bewusstsein ist so viel klarer, als es sich die meisten Menschen vorstellen können. Wenn wir das Gefühl von Authentizität vermitteln können, wird sich der Sterbende uns gegenüber öffnen und alles mitteilen, was ihn in seinem tiefsten

Inneren bewegt. Es ist wichtig, dass wir seine Wünsche respektieren und dass alle auftretenden Gefühle zugelassen werden. Es ist nicht leicht, alles, was einem im Leben etwas bedeutet hat, hinter sich lassen zu müssen, ob es sich um Menschen, Tiere, Häuser oder alles Materielle handelt. Schuldgefühle stehen in diesem Prozess neben Wut und Zorn. Deswegen kommt es zu extremen Gefühlsschwankungen, was in der Sterbebegleitung niemals bewertet werden sollte.

Wenn der einfache Satz ausgesprochen wird: »Du darfst jetzt gehen!«, erleichtern wir die Situation des Sterbenden. Dieser sorgt sich genauso um die Zurückbleibenden, wie sich die Angehörigen um den bevorstehenden Tod Gedanken machen. Eine gute Sterbebegleitung bedeutet immer auch, nicht zu klammern, bedingt also die Akzeptanz des Sterbegeschehens.

In Todesnähe besteht die letzte Möglichkeit, sich mit dem Sterbenden über alles auszusprechen, was für uns persönlich wichtig ist und die Beziehung belastet hat. Auch hier ist Offenheit und Ehrlichkeit angebracht. Wir vermitteln dem Sterbenden die Möglichkeit, um Vergebung zu bitten. Es ist unser gutes Recht, dass wir beispielsweise klar zum Ausdruck bringen, dass unser Vater uns das Leben möglicherweise nicht immer einfach gemacht hat. Vielleicht kommt es gerade dadurch sogar noch zu einer Aussöhnung oder Heilung eines lang schwelenden Konfliktes.

In Todesnähe sollte alles Beschönigende und Äußere keinen Raum mehr haben. Konzentrieren wir uns auf das Eigentliche auf dem Sterbebett: die Ablösung der

Seele vom Körper. Sobald sich Ruhe, Frieden und Stille einstellen, können wir das anwesende Heilige im Raum spüren, wenn sich im Augenblick des Todes die Seele endgültig vom Körper trennt.

6. Wie erlebt der Sterbende die Loslösung der Seele vom Körper?

Im finalen Sterbeprozess, wenn der Sterbende sein letztes Bett erreicht hat, setzt langsam die Ablösung der Seele vom Körper ein. Der Sterbende wirkt kraftlos und es kommt zu einem deutlichen Energieverlust, wodurch sich Phasen zwischen Wach- und Schlafbewusstsein einstellen. Nun zeigt sich, ob jemand sein Sterben annehmen kann oder sich dagegen auflehnt. Die äußere Wahrnehmung verändert sich, da der Sterbende gleichzeitig eine Bewusstseinserweiterung erlebt, je mehr sich die Seele vom Körper löst. Dadurch ist er imstande, die Präsenz der geistigen Welt zu erleben. Die Bilder seines gelebten Lebens treten an die Oberfläche des Bewusstseins. Dieser Vorgang ist vergleichbar mit einer Lebensrückschau, wie sie in den Nahtoderfahrungen beschrieben wird. Bei sehr vielen Menschen führt das zum aufrichtigen Wunsch nach Vergebung und Selbstvergebung. Die Selbsterkenntnis, zu den Konflikten des Lebens selbst beigetragen zu haben, führt bei vielen noch in den letzten Tagen dazu, sich aussöhnen zu wollen. Das ist ein Schritt der Annäherung an die Liebe, die sich im Inneren des Sterbenden auszubreiten beginnt. Sein Leben loszulassen und sich voll Vertrauen dem Göttlichen hinzugeben, hat oft auch mit der Bewusstwerdung eigener Fehler und Schwächen zu tun. Wenn es zu einer Aussöhnung kommt, können die Betroffenen friedlich sterben.

Unabhängig davon, ob sich jemand im Koma befindet, bewusstlos ist oder bei klarem Bewusstsein – Sterbende bekommen alles mit, was um sie herum geschieht. Sie spüren den Schmerz, den Kummer und das Nichtloslassenkönnen der Angehörigen, da sie sich schon teilweise außerhalb des Körpers befinden. Das immer wieder beobachtbare Phänomen, dass Sterbende ihren Übergang in dem Moment vollziehen, wenn ein anwesender Angehöriger nur kurz den Raum verlässt, weist auf die bewusste Wahrnehmung Sterbender aus einer höheren Warte hin. Kurz vor dem Tod können wir als Begleitende nichts mehr tun, sondern nur für den Sterbenden da sein.

In der Nähe des Todes nimmt der Sterbende gewöhnlich keine Nahrung mehr zu sich und verweigert auch die Flüssigkeitszufuhr. Das ist ein ganz natürliches Geschehen und es steht am Ende des Sterbeprozesses. Es ist wichtig zu wissen, dass mit zunehmendem Verfall Hunger und Durst verschwinden, eine barmherzige Einrichtung der Natur.

Im Augenblick des Todes kommen alle Körperfunktionen zur Ruhe und das Ende des Sterbeprozesses durch den letzten Herzschlag und den letzten hörbaren Atem setzt ein.

Die Silberschnur, die Körper und Seele zusammenhält, wird nun endgültig durchtrennt. Wenn das geschehen

ist, kann die Seele nicht in den Körper zurückkehren. Die Angehörigen haben nun den Eindruck, nur noch eine leere Hülle vor sich zu haben.
Die Präsenz des Verstorbenen kann im Raum noch deutlich wahrgenommen werden, aber die Essenz des Menschen – seine Individualität, sein Bewusstsein, seine Seelenqualität haben sich endgültig vom Körper gelöst. Sterben ist in Wahrheit ein Wandel der Form und immer verbunden mit einem Erwachen in die Liebe.

7. Was bedeutet die Ablösung der Elemente?

Die Elemente Erde, Feuer, Wasser und Luft lösen sich am Ende des Sterbeprozesses auf, was mit der endgültigen Ablösung der Seele vom Körper verbunden ist. Das ist ein sehr altes universelles Wissen, das schon im Tibetischen Totenbuch beschrieben wurde. Die Mönche setzten sich an die Sterbebetten und protokollierten ihre Beobachtungen. Durch ihre meditative Praxis waren sie imstande, auch die feinstofflichen Vorgänge im Sterbeprozess zu erfassen. Die Ablösung der Elemente wurde bis heute von Angehörigen oder Pflegepersonal immer wieder beobachtet – durch alle Jahrtausende hindurch.
Wenn sich das Erdelement auflöst, verliert der Körper seine Energie. Das zeigt sich darin, dass der Sterbende nicht mehr eigenständig aufstehen oder Dinge festhalten kann. Er ist auf die Hilfe anderer angewiesen. Er

hat das Gefühl, als ob er tief in den Boden hineinsinke. Da der bewusste Verstand Angst hat vor dem Verlust der Kontrolle über den Körper, lehnen sich Sterbende dagegen auf. Manche schreien oder stöhnen. Je mehr Gegenwehr vorhanden ist, desto schwieriger gestaltet sich die Ablösung. In Wirklichkeit setzt jetzt der Austritt der Seele ein.
Dann löst sich das Wasserelement auf und der Sterbende verliert die Kontrolle über seine Körperflüssigkeiten. Die Nase läuft, manche weinen und der Sterbende kann seine Ausscheidungen nicht mehr kontrollieren. Er fängt an, innerlich zu brodeln. Es mag den Anschein haben, dass er am eigenen Wasser in der Lunge ertrinkt. Je mehr Gegenwehr vorhanden ist, desto reizbarer und nervöser wirkt der Betroffene, wobei manche dann auch halluzinieren. Der Sterbende selbst erlebt eine Bewusstseinserweiterung und empfindet sich als durchlässig und leicht. Er ist nicht länger an seinen Körper gebunden.
Wenn sich das Element Wasser in das Feuerelement auflöst, trocknen Mund und Nase aus. Die Körperwärme verflüchtigt sich, gewöhnlich von den Füßen und Händen her in Richtung Herz. Der Sterbende kann keine Flüssigkeit mehr zu sich nehmen. Sein Körper fühlt sich heiß an. Mancher meint, das Gefühl zu haben, innerlich zu verbrennen. Das Bewusstsein schwankt zwischen Klarheit und Verwirrung.
Dann löst sich das Feuerelement ins Luftelement auf. Das Atmen wird mühsamer und ein typisches Rasseln und Keuchen setzt ein. Das Ausatmen wird immer län-

ger, bis der letzte Atem ausgestoßen wird. Das verursacht bei Begleitenden das Gefühl, dass der letzte Atemzug bereits ausgestoßen wurde. In Wirklichkeit schwingt die Atmung noch einige Male hin und her. Die Seele löst sich nun endgültig vom Körper. Wenn der äußere Atem aufhört, ist die Seele endgültig außerhalb des Körpers. Die Silberschnur, die Körper und Bewusstsein zusammengehalten hat, zerreißt. Das ist dann der Augenblick des Todes.

8. Was genau sind Sterbebettvisionen?

Unter dem Begriff Sterbebettvisionen werden geistige oder außersinnliche Wahrnehmungen Sterbender verstanden. Sie sprechen davon, verstorbene Verwandte oder Freunde zu sehen, die sie in Empfang nehmen wollen. Mitunter werden dabei auch religiöse oder mythologische Wesen erblickt, ebenso wird Licht wahrgenommen. Derartige übersinnliche Erfahrungen, in denen der Schleier zwischen Diesseits und Jenseits aufgelöst wird, sind auf die zunehmende Lockerung der Seele vom Körper zurückzuführen.
Es handelt sich dabei um reale innere Erlebnisse eines Sterbenden, die bei vollem Wachbewusstsein wahrgenommen, jedoch von den Begleitenden nicht gesehen werden. Sterbebettvisionen treten meistens am Ende des Sterbeprozesses auf, wenige Stunden oder Tage vor dem Tod. Fälschlicherweise werden sie von Angehörigen für eine Verbesserung des Zustandes gehalten, da

das Bewusstsein des Sterbenden so klar erscheint wie lange nicht.
In Wirklichkeit öffnet sich die Tür zwischen dieser und der anderen Welt und die Sterbenden fühlen sich geliebt, angenommen und freuen sich, wenn verloren geglaubte Angehörige in Erscheinung treten, um sie abzuholen. Dadurch können sie sich fallen lassen und das Leben loslassen.
Derartige Visionen sind ein integraler Bestandteil des Sterbeprozesses. Dennoch werden die Erlebnisse oft abgetan und auf Fieber, Halluzinationen, Schmerzmittel oder Sauerstoffmangel zurückgeführt. In der westlichen Gesellschaft haben wir ein grundsätzliches Problem mit geistigen Erfahrungen, da das Unsichtbare entweder Angst auslöst oder Widerstand hervorruft.
Deswegen werden die Visionen der Sterbenden häufig als unerwünschte Halluzinationen gedeutet und mit Psychopharmaka oder Beruhigungsmitteln unterdrückt. Das hat zur Folge, dass das Kurzzeitgedächtnis der Sterbenden ausgelöscht wird und sie zu diesen übersinnlichen Wahrnehmungen keinen Zugang mehr haben. Die Boten der Anderswelt in den Visionen sind Ausdruck der tröstlichen Gewissheit, dass niemand allein stirbt.
Sie sind ein untrügliches Zeichen, dass der Tod kurz bevorsteht. Sterbebettvisionen zeigen uns in aller Deutlichkeit, dass Sterben nichts anderes ist als ein Wandel der Form in die jenseitige Welt. Doch genau dieses Wandlungsgeschehen verunsichert Begleitende und Angehörige, da es ihnen Angst macht, weil sie das geis-

tige Geschehen im Sterben weder einordnen noch verstehen können.
Eine Frau erzählte mir, dass ihr Mann in den letzten Tagen seines Lebens eine Persönlichkeitsveränderung aufwies, die sie nicht nachvollziehen konnte. »Aufgrund seiner Krebserkrankung war mein Mann körperlich völlig ausgezehrt, doch seine Augen strahlten wie von einem inneren Licht erleuchtet und er reagierte äußerst humorvoll auf seine Umwelt. Dann sprach er davon, seine verstorbene Mutter zu sehen. Das verwirrte mich, da er zeit seines Lebens nie an ein Leben nach dem Tod geglaubt hatte. Der Widerspruch zwischen seiner körperlichen Schwäche und seiner Bewusstseinsklarheit irritierte mich. Heute weiß ich, dass dieses Erleben mit dem geistigen Geschehen zu tun hatte.«
Im Außen können wir die einsetzenden Visionen häufig daran erkennen, dass der Sterbende beginnt, seine Arme nach oben hin auszustrecken, als würde er sich auf ein imaginäres Ziel hinbewegen. Andere starren mit hellen klaren Augen in eine Ecke des Raumes oder an die Zimmerdecke, da sie dort Verstorbene oder Lichtwesen erblicken. Dabei wirkt der Sterbende freudig erregt, da etwas völlig Unerwartetes geschieht, was die Angst vor dem Tod endgültig auflöst. Der Sterbende erhält die Gewissheit, an einen Ort zu gelangen, an dem er mit vorangegangenen Verstorbenen wieder vereint ist.
Ein Mann berichtete mir vom Sterben seines zwanzigjährigen Sohnes. »Michael erkrankte mit siebzehn Jah-

ren an einer nicht mehr heilbaren Leukämie. In seinen letzten Tagen war ich ständig bei ihm und er dämmerte zwischen Wachen und Schlafen. Kurz vor seinem Tod öffnete er plötzlich seine Augen und schaute erstaunt nach oben. Seine Augen waren von einem inneren Licht erleuchtet. Er sprach davon, seinen Freund Ralf zu sehen, der gekommen sei, ihn abzuholen. Michael war sehr beglückt und starb kurz darauf friedlich.«

Todesnähe ist also verbunden mit übersinnlichen Wahrnehmungen. Durch die Lockerung der Seele vom Körper erlebt der Sterbende eine Bewusstseinserweiterung, ähnlich einer außerkörperlichen Erfahrung, wie das in den Nahtoderfahrungen so häufig berichtet wird. Die Öffnung des Sterbenden zum Transzendenten überschreitet die Grenzen des Alltagbewusstseins. Das ist ein Hinweis darauf, was uns jenseits der irdischen Persönlichkeit auf der anderen Seite erwartet. Insofern sollten wir diese kostbaren Visionen der Sterbenden nicht länger abtun, sondern sie als Hinweis verstehen, was wir alle erleben werden, wenn wir sterben. Dafür sind lediglich Offenheit und Authentizität erforderlich.

9. Was sind empathische Todeserlebnisse?

Empathische Todeserlebnisse werden auch als Mitsterben bezeichnet. Es handelt sich dabei um Erlebnisse, bei denen Angehörige oder Begleitende direkt in den Übergang in die geistige Welt einbezogen werden. Im

Grunde genommen wird das wie eine außerkörperliche Erfahrung erlebt. Die Betroffenen begleiten den soeben Verstorbenen auf seinem Weg in die andere Welt bis zu einer Grenze, die sie nicht überschreiten dürfen.

Eine Frau begleitete schon seit Wochen ihre neunzigjährige Mutter beim Sterben. Als ihr Tod kurz bevorstand, spürte sie eine gewaltige Energiewelle, die sie durchströmte. Dann erhellte sich der Raum und ihr wurde bewusst, dass ihre Mutter gestorben war.

Sie befand sich plötzlich außerhalb ihres Körpers und blickte überrascht auf den eigenen Körper herab. Ebenso bemerkte sie ihre Mutter, die in ihrer geistigen Form neben ihr stand. Beide schwebten dem Licht entgegen durch einen Tunnel. Dann entfalteten sich Aspekte ihres gemeinsamen Lebens. Die Frau erblickte unbeschreibliche Landschaften, doch an einer Wegkreuzung wurde ihr bewusst, dass sie umkehren musste. Kurz darauf kam sie in ihrem Körper wieder zu sich.

Empathische Todeserlebnisse sind häufig mit einer außerkörperlichen Erfahrung verbunden. Eine Energiewelle, die von vielen beschrieben wird, geht vom Sterbenden aus, da Sterben stets mit einem gewaltigen energetischen Geschehen einhergeht. Wenn Angehörige empfänglich sind und in der Liebe, vermag die freigesetzte Energie die Begleitenden in diesen Vorgang einzubeziehen. Das irdische Raum-Zeit-Gefüge hebt sich auf in ein Lichterleben von Frieden, Liebe und Angenommensein. Diejenigen, die eine Begegnung mit dem Licht im Sterbebett erlebt haben, werden von diesem Erlebnis positiv beeinflusst.

Das »Mitsterben« kann sich am Krankenbett ereignen, ebenso jedoch auch in räumlicher Entfernung. Das hat mit den vielfältigen Phänomenen zu tun, die im Augenblick des Todes berichtet werden.

Eine Frau wurde beispielsweise nachts von ihrem Vater, den sie lange begleitet hatte, im Augenblick seines Todes aus dem Schlaf gerissen und befand sich außerhalb ihres Körpers. Sie erblickte ein Licht, in dem sie ihren Vater sah, der ihr zulächelte. Das war nur ein kurzer Moment und dann klingelte auch schon das Telefon. Das Krankenhaus teilte ihr mit, dass ihr Vater soeben gestorben war.

Aus den vielfältigen Berichten über empathische Todeserlebnisse erhalten wir direkte Einblicke in den Vorgang des Sterbens. Es zeigt sich, dass Sterben ein universales Muster beinhaltet, das immer mehr den Blick für die Existenz der jenseitigen Welt öffnet.

10. Woher wissen Sterbende, wann ihre Zeit gekommen ist?

Sterbende haben ein intuitives Wissen davon, wann sie sterben werden. Die Gewissheit, mit der sie das zum Ausdruck bringen, ist für Angehörige häufig unheimlich, zumal in diesen Situationen oft keine äußeren Anzeichen vorhanden sind. In der Praxis der Sterbebegleitung im Hospiz haben sich die Mitarbeiter jedoch an derlei Aussagen gewöhnt. Sie haben die Erfahrung gemacht, dass das Bewusstsein und die Stimmung der Sterbenden eine subtile Verwandlung durchlaufen.

Dabei gibt es keinen medizinischen Grund, weshalb die Sterbenden ein so genaues Gespür für ihren bevorstehenden Tod haben. Derartige Vorahnungen treten selbst bei Menschen auf, die nicht als sterbenskrank gelten. Darauf haben Studien über die Erfahrungen Sterbender immer wieder hingewiesen. Eine Frau berichtete mir kürzlich in einem Seminar, dass ihr Mann nach einer Operation entlassen werden sollte. »Alles war ohne jegliche Komplikationen verlaufen. Als die Ärzte ihm mitteilten, dass er nach Hause könne, erklärte mein Mann zu unserer großen Überraschung, dass er sterben werde. Er habe bei vollem Bewusstsein eine Vision der anderen Welt erlebt. Wir alle waren ratlos, doch wenige Minuten spater verschied mein Mann in meinen Armen.«

Dieses innere Wissen hat mit den Bewusstseinserweiterungen zu tun, die sich am Ende des Sterbeprozesses einstellen und dadurch die Wahrnehmungen der Sterbenden verändern. Das wird in der Sterbeforschung als Phänomen des Nahtodbewusstseins bezeichnet. So wurde beobachtet, dass Sterbende drei Tage vor ihrem Tod anfangen, davon zu sprechen, dass sie verreisen wollen. Sie fragen nach Schiffspassagen, Flugzeiten oder Zugfahrkarten. Für erfahrene Sterbebegleiterinnen ist Derartiges ein deutliches Zeichen dafür, dass der Tod kurz bevorsteht.

Auch Sanitäter erleben, dass Schwerverletzte, die sie ins Krankenhaus fahren, genau wissen, ob sie sterben werden. Sie haben ein deutliches Gespür dafür, was mehr als eine Vorahnung ist. In diesen Vorgängen zeigt sich, dass die moderne Medizin es offenbar versäumt hat, den Geist-Körper-Prozess zu dokumentieren, ebenso wenig hat sie jemals die Bewusstseinsveränderungen Sterbender verstanden.

Derartige Situationen widersprechen der medizinischen Logik sowie der Ausbildung. Für viele Ärzte bleibt das ein Mysterium, obwohl die Fülle von Berichten über dieses Phänomen aufzeigt, dass Sterbende ganz offensichtlich ab einem bestimmten Punkt wissen, dass sie sterben werden. Diese schnelle und unerwartete Erkenntnis ist wie die Sterbebettvision auf die langsame Loslösung des Geistes vom Körper zurückzuführen, den Übergang in einen anderen Bewusstseinszustand.

11. Wie vollzieht sich die Loslösung der Seele bei einem plötzlichen Tod oder einem Suizid?

Bei einem plötzlichen Tod oder einem Suizid entfällt der äußere Sterbeprozess. Ein Mensch, der durch einen Unfall getötet wird, ist von einem Augenblick zum anderen nicht länger an Raum und Zeit gebunden, da er sich ruckartig vom Körper löst.

Bei einem längeren Sterbeprozess verliert der Körper langsam seine Energie. Der Sterbende durchläuft einen inneren Klärungsprozess, um seinen bevorstehenden Tod annehmen zu können. Bei einem plötzlichen Tod erfolgt dieser Prozess hingegen in Sekundenschnelle. Sobald der Körper hinter sich gelassen wird, hört jeder Schmerz auf und der Betroffene erlebt eine Bewusstseinskontinuität.

Jeder Mensch muss zu einem seelischen Einverständnis seines Sterbens gelangen, was in der jenseitigen Welt durch die Gegenwart hilfreicher Geistwesen unterstützt wird. Die Akzeptanz, das Jasagen, erfolgt also in der Zeitlosigkeit. Jeder durchläuft auf seine Weise den inneren Prozess der Ablösung. Dabei zeigt sich, dass wir alle in einen größeren Sinnzusammenhang eingebunden sind. Aus der irdischen Sicht mag es uns erscheinen, als sei ein plötzlicher Tod ein Zufall oder ein tragisches Schicksal. Doch wenn wir uns genauer mit plötzlichen Todesfällen auseinandersetzen, werden wir feststellen, dass ein Betroffener möglicherweise Hinweise gegeben hat, die erkennen lassen, dass er seinen bevorstehenden Tod geahnt hat. Das lässt sich immer erst im Nachhinein ergründen. Ein Sterbender weiß ab einem bestimmten Zeitpunkt innerlich, dass er sterben wird, doch ist das Auftreten dieser Vorahnungen unbewusst.

Wir alle tragen den göttlichen Funken des höheren Selbst in uns, was sich durch die innere Stimme oder durch intuitive Impulse bemerkbar macht, also das reine Bewusstsein unserer Innenwelt ist. Das höhere Selbst versucht, das Erden-Ich auf den bevorstehenden Tod hinzuweisen. Das zeigt sich auch daran, dass sich viele Betroffene bemühen, Dinge ihres Lebens zum Abschluss zu bringen, Unerledigtes bereinigen, Testamente verfassen oder sich mit dem Sterben auseinandersetzen. Es wird von drastischen Persönlichkeitsveränderungen berichtet bis hin zu einer euphorischen Abgeklärtheit. Als Angehöriger hat man das Gefühl, als würde ein neuer Lebensabschnitt bevorstehen oder Ähnliches.

Von Forschern auf der ganzen Welt wird dies als innerer Klärungsprozess, als unbewusste Ablösung bezeichnet. Kein Tod ist zufällig. Der Tod ist ein Wandel der Form, doch die geistige Essenz des Menschen bleibt unberührt von allem äußeren Geschehen.

Ein Suizid ist nur aus der Sicht der Angehörigen ein plötzlicher Todesfall. In Wirklichkeit muss sich jemand, der sich das Leben nehmen will, intensiv mit dem Sterben auseinandersetzen. Das sind innere Prozesse, die sich über längere Zeiträume erstrecken, bis jemand den Entschluss fasst, sich zu töten. Das setzt voraus, sich über das Wie und Wann seines Todes bewusst zu werden. Es muss eine Methode gefunden werden, um den Suizid auszuführen.

Wenn wir uns die Suizidstatistiken anschauen, stellen wir fest, dass nur zehn Prozent aller Suizidversuche erfolgreich sind. Daraus kann die Schlussfolgerung gezogen werden, dass ein Suizid nur dann gelingt, wenn er im Einklang mit dem höheren Selbst steht. Der Übergang als solcher, die Loslösung der Seele vom Körper, ist, geistig gesehen, immer gleich und setzt die Akzeptanz des Geschehens im Innenverhältnis zwischen Erden-Ich und höherem Selbst voraus. Da es keine Auslöschung des Bewusstseins gibt, wird selbst jemand, der dachte, in ein Nichts zu fliehen oder ausgelöscht zu sein, die Erfahrung machen, dass er ein unsterbliches Wesen ist. Das kann dazu führen, dass ein Betroffener nicht versteht, was da mit ihm geschieht, und er deswegen zunächst orientierungslos ist.

Da wir ewige geistige Wesen sind, ist Hilfe und Heilung für jeden von uns immer vorhanden. Jeder darf sich mit den Auswirkungen seines Lebens auf sich und andere auseinandersetzen, um seine inneren Konflikte heilen zu können. Jeder wird sich seiner Eigenverantwortung stellen müssen. Wir können vor unseren Lebensproblemen auch durch einen Suizid nicht vor uns selbst davonlaufen.

12. Wie erleben Menschen ihr Sterben bei einer Demenz- oder Alzheimererkrankung?

Grundsätzlich muss bei dieser Frage vorausgesetzt werden, dass die Essenz der menschlichen Persönlichkeit unangreifbar ist. Die Seele wird also von psychischen oder physischen Beeinträchtigungen, die stets körperlicher Natur sind, nicht betroffen. Sie ist stets ganz und heil. Bei der Demenz- oder Alzheimererkrankung gehen wir davon aus, dass die Person nicht mehr bei klarem Bewusstsein ist. Wenn die Loslösung der Seele einsetzt, nimmt der Sterbende alles wahr, was um ihn herum geschieht, wie in jedem anderen Sterbeprozess. Das ist ein geistiger Prozess, der unabhängig

ist von körperlichen oder biologischen Abläufen. Der Sterbende erlebt eine Bewusstseinserweiterung.
Das bedeutet auch, dass der Sterbeprozess im Inneren vollzogen wird, mit dem Unterschied, dass das im Außen nicht zum Ausdruck gebracht werden kann aufgrund des biologisch bedingten Verwirrtheitszustandes. Dennoch wird in den letzten Jahren immer häufiger von Alzheimerpatienten berichtet, dass sie kurz vor ihrem Tod mit den anwesenden Angehörigen gesprochen haben, obwohl sie mehrere Jahre nicht mehr auf Familienmitglieder reagiert hatten.
Die Forschung bezeichnet diese Phänomene als terminale Geistesklarheit. Wir wissen heute, dass Sterbende den Übergang ähnlich erleben, wie das in den Nahtoderfahrungen berichtet wird. Durch die plötzlich auftretende Bewusstseinsklarheit, die sich kurz vor dem Tod einstellen kann, ist es manchen möglich, Dinge zum Abschluss zu bringen oder sich auszusprechen. Meistens verschwindet die geistige Klarheit wieder und die Betroffenen sterben kurze Zeit später friedlich.

13. Was geschieht im Augenblick des Todes?

Die erste Erfahrung, die ein Mensch macht, nachdem er seinen Körper verlassen hat, ist, dass er sich ganz und heil empfindet und schmerzfrei ist. Der Tod tritt in dem Augenblick ein, wenn die Silberschnur, die Körper und Geist zusammenhält, durchtrennt ist. Dann kann die Seele nicht in den Körper zurückkehren. Das Er-

den-Ich geht über in eine unbegrenzte Form des Seins, in der Raum und Zeit aufgehoben sind. Der Verstorbene kann sich in Gedankenschnelle überall hinbewegen, da nun alles gleichzeitig zugänglich wird.
Er nimmt alles wahr, was sich im Umfeld seines Überganges ereignet. Er ist unsichtbar und unhörbar für die Anwesenden geworden, fühlt sich jedoch gleichzeitig sehr lebendig. So mancher ist irritiert, da er so etwas nicht erwartet hat. Das Bewusstsein erfährt einen Wechsel der Perspektive und des Verständnisses, da das Erden-Ich in ein allumfassendes höheres Bewusstsein eingeht.
Das Erleben nach dem Tod ist individuell geprägt, also unterschiedlich, da jeder zunächst seinen persönlichen Ängsten, Wünschen und Gedanken begegnet und in seiner eigenen Gedankenwelt verhaftet ist. Wir erschaffen uns die Welt nach dem Tod durch die eigene Denk- und Vorstellungskraft. Was wir erleben werden, ist das Ergebnis der eigenen Wahl, wobei unbewältigte Ängste oder Schuldgefühle Negativerfahrungen produzieren können, welche die Konflikte der eigenen Innenwelt darstellen.
Das ist jedoch keine objektive Realität, sondern ein vorübergehender Bewusstseinszustand. Je mehr wir uns am Licht orientieren, das wir sehen werden, desto größer wird die Seligkeit des Erlebten. Wir werden von einer immensen Bewusstseinserweiterung erfasst.
Der Augenblick des Todes ist ein magischer Moment und es können auch im Außen vielfältige Phänomene auftreten: Uhren bleiben exakt zum Todeszeitpunkt

stehen, Bilder fallen ohne ersichtlichen Grund von der Wand oder selbst schwere Gegenstände werden wie von Geisterhand bewegt. Andere erleben zum Todeszeitpunkt eine Erscheinung oder spüren die Gegenwart des Verstorbenen.
Beispielsweise wacht eine Frau gegen halb drei Uhr plötzlich auf und spürt spontan die Anwesenheit der Mutter, die sie über Wochen im Sterben begleitet hat. Sie weiß zu diesem Zeitpunkt noch gar nicht, dass ihre Mutter gestorben ist. Kurz darauf erhält sie einen Anruf von der Pflegeeinrichtung und ihr wird der Tod der Mutter mitgeteilt. Solche Geschichten sind keine Seltenheit und weltweit verbreitet.

14. Wie können wir Todkranken ein menschliches Sterben ermöglichen?

Das Wichtigste ist, den Sterbenden schmerzfrei zu halten. Das wird zum Glück durch die Palliativstationen in vielen Krankenhäusern ermöglicht. Sicherlich lässt sich nicht jeder Schmerz absolut unterdrücken, doch die moderne Schmerztherapie hat viele Möglichkeiten, Schmerz auf ein erträgliches Maß zu reduzieren. Im Sterbeprozess verstärken starke Schmerzen die Angst, was Stress erzeugt. Der Sterbende wird unruhig, da er sich abhängig und ausgeliefert fühlt.
Mit Würde behandelt zu werden bedeutet auch im Falle einer schweren Erkrankung, dass der Sterbende in alle Aspekte seiner möglichen Behandlung sowie

in alle anstehenden Entscheidungen voll einbezogen wird. Selbstbestimmung ist der Kern der Menschenwürde. Dazu gehört auch, dass der Wille eines Patienten, wie er ihn in seiner Patientenverfügung zum Ausdruck gebracht hat, oberste Priorität besitzt.
Ein Sterbender verliert zunehmend an Lebensenergie und wird abhängig von seinen Angehörigen und den Pflegekräften. Hier ist besondere Sensibilität im Umgang erforderlich. In der letzten Lebensphase sind wir damit konfrontiert, Verluste und Einschränkungen der Autonomie hinnehmen zu müssen. Dem geht in den meisten Fällen schon ein sozialer Tod voraus, da sich bedingt durch Krankheit, Alter oder Demenz Bekannte und Freunde oft zurückgezogen haben.
In der Gesellschaft sprechen wir zu wenig über den Umgang mit Sterbenden, ebenso wie Sterbende und Angehörige darüber nicht miteinander sprechen. Das führt bei vielen in Isolation und Einsamkeit. Gerade am Ende des Lebens bedarf der Sterbende besonderer menschlicher Zuwendung. Es gehört zu einem würdevollen Sterben, dass Angehörige oder Begleitende für ihn da sind, damit er sich nicht allein fühlt. Hinter der Angst vor Einsamkeit steht die Angst, nicht geliebt zu werden. Deswegen sind Zuwendung, Authentizität und Offenheit so wichtig für ein gelingendes Sterben.
Wir sollten dabei die Wünsche und Grenzen sowie eine gewisse Intimsphäre des Sterbenden respektieren. Es ist wichtig, die eigenen Ängste nicht auf den Sterbenden zu projizieren und ebenso wenig unsere persönliche Anschauung, was richtig ist für den Sterbenden.

Achtung, Respekt, Dankbarkeit, Mitgefühl sind das Wichtigste in der Sterbebegleitung. Was immer der Sterbende mitteilen wird, sollte weder persönlich genommen noch in irgendeiner Art und Weise bewertet werden. Was jetzt an die Oberfläche tritt, ist seine persönliche Wahrheit, die nicht infrage gestellt werden sollte.

15. Vielen Menschen fällt es schwer zu verzeihen. Was würden Sie ihnen raten?

Wir wissen aus den Sterbeprozessen, wie fundamental wichtig Aussöhnung, Verzeihen oder Selbstvergebung für viele Sterbende sind. Da die nicht gelösten Konflikte an die Oberfläche des Bewusstseins treten, erkennen Sterbende, dass sie anderen durch ihre Sturheit und Unbelehrbarkeit unrecht getan haben. Sterbende können dann offenbar selbst in einem kritischen Zustand ihren Sterbeprozess anhalten, wenn sie wissen, dass eine Person kommen wird, mit der sie sich aussöhnen wollen – so wichtig ist das Thema Aussöhnung.
Andere bleiben in ihrer Verhärtung stecken und verweigern die Aussprache. Dann bleibt nur die Möglichkeit der Selbstvergebung. Anderen verzeihen zu können fällt vielen sehr schwer. Selbstvergebung jedoch ist wahrscheinlich das Schwierigste überhaupt. Sich selbst verzeihen zu können bedeutet, das eigene Selbstbild aufzugeben, um die eigenen Grenzen und Versäumnisse anzuerkennen. Dazu ist viel Seelenarbeit notwendig.

Man hat etwas getan, was damals richtig erschien, was jedoch vielleicht nicht sehr geschickt gewesen ist und andere Menschen und uns selbst hat leiden lassen. Nur wenn wir uns heute die eigenen Fehler eingestehen, wird Selbstvergebung überhaupt möglich. Vergebung ist ein Akt der Liebe und immer eine Entscheidungsmöglichkeit, wenn wir aufrichtig Versöhnung herbeiführen wollen. Seelische Verletzungen holen uns so lange immer wieder ein, bis wir uns selbst und anderen wirklich verzeihen konnten. Sonst bleiben wir an eine Vergangenheit gebunden, die schon längst nicht mehr ist. Durch Verzeihen übernehmen wir die Verantwortung für unser Leben, weil es einhergeht mit der Erkenntnis des eigenen Anteils an einem Konflikt oder Problem. Nur dann können wir mit uns ins Reine kommen.

Vergebung ist ein schwieriger Schritt für viele Menschen, da sie den anderen für schuldig halten und nicht wissen, warum sie überhaupt verzeihen sollen. Groll, Wut, Aggressionen oder Hass sind das Resultat alter Wunden, die uns stets von Neuem einholen und unser Leben vergiften können. Damit eben diese alten Wunden heilen, ist es wichtig, sich auszusöhnen.

Besonders im Sterbeprozess zeigt sich, dass jahrelange Familienstreitereien oft auf banalen Konflikten und Missverständnissen beruhen, die sich im Laufe der Jahre verfestigt und verselbstständigt haben. Der aufrichtige Wunsch nach Aussöhnung führt in den Frieden und die Akzeptanz des bevorstehenden Todes. Wenn Angehörige nicht verzeihen können, bleiben sie

weiterhin durch Wut und Groll auf negative Weise mit dem Verstorbenen verbunden – bis sie vielleicht Jahre später bereit sind zu vergeben.
Wie sich in den Nachtodkontakten gezeigt hat, können Verstorbene immer verzeihen. Sie haben durch ihren Lebensrückblick die eigenen Anteile an Konflikten erkannt. Inneren Frieden finden wir nur durch Vergebung, indem wir vergangene Situationen, an denen wir nichts mehr ändern können, annehmen können, wie sie tatsächlich waren. Dann kann der Schmerz losgelassen werden. Die Einsicht in die eigenen Schwächen und Unzulänglichkeiten stärkt den Mut zum Verzeihen.

16. Was verstehen Sie unter Selbstliebe und Selbstakzeptanz?

Ich bin davon überzeugt, dass die Liebe zum eigenen Selbst die Voraussetzung dafür ist, überhaupt Liebe geben zu können. Wer sich selbst nicht lieben kann, wird Liebe stets im Außen suchen und macht sich dadurch abhängig von den Bedingungen und Erwartungen anderer. Das führt zu einem mangelnden Selbstwertgefühl, da man nicht in Kontakt mit der eigenen inneren Quelle ist. Nur da finden wir die eigene Mitte: indem wir uns in unserem spezifischen Sosein annehmen können, wie wir sind, auch mit unseren Fehlern, Abhängigkeiten und Unzulänglichkeiten. Selbstliebe ist also die Voraussetzung für ein gelingendes Leben.

Viele Menschen haben sich heute von sich selbst entfernt, da sie sich ständig Sorgen darüber machen, was andere von ihnen denken könnten. Sie sind den Urteilen und Bewertungen anderer schutzlos ausgeliefert, durch den Mangel an Liebe zu sich selbst. Wer seine Sehnsucht nach Geborgenheit und Liebe im Außen zu erfüllen sucht, macht sich zum Spielball äußerer Kräfte. Er erkennt nicht, dass er ein ewiges geistiges Wesen der göttlichen Liebe ist, das von der geistigen Liebe Gottes genährt wird. Das ist unsere Kraftquelle und Lebenskraft.

Wer nicht in sich selbst ruht, nimmt viele Dinge persönlich und macht sich verletzbar. Deswegen verwechseln manche Menschen Liebe mit Schmerz, aufgrund ihrer sich stets wiederholenden zermürbenden Erfahrungen. In letzter Konsequenz geht es im Leben um die Erkenntnis der Eigenverantwortung für unsere Gedanken, Worte und Taten, die stets in Resonanz zu unserem Umfeld stehen und auf dieses einwirken.

Selbstakzeptanz ist die Voraussetzung für Heilung von den negativen Aspekten unseres Lebens. Wir haben die Wahl: Wir können die Dinge annehmen, wie sie waren, und dann unseren geistigen Weg in der anderen Welt fortsetzen, da uns bereits vergeben ist. Oder wir können durch den Schmerz gehen, den wir anderen zugefügt haben, um uns durch die Erfahrung, wie der andere das empfunden hat, zu heilen. Manche stecken in tiefen Schuldgefühlen fest, sodass sie sich nur dadurch daraus befreien können, indem sie in den Schmerz der anderen eintauchen, um sich vergeben zu können.

Heilung von den Fehlern unseres Lebens ist nur durch radikale Selbstannahme möglich, die in die Selbstliebe mündet. Das ist Erlösung.

17. Wie stehen Sie zu aktiver Sterbehilfe?

Unter den Begriffen Euthanasie oder aktive Sterbehilfe werden heute ärztliche Maßnahmen zur Lebensverkürzung verstanden. Es handelt sich dabei um eine gezielte Herbeiführung des Todes eines Patienten durch Medikamente, Gifte oder hohe Dosen Morphium. Aktive Sterbehilfe wird als Tötung auf Verlangen betrachtet und unterliegt dem Selbstbestimmungsrecht des Einzelnen. Juristisch gesehen handelt es sich um Beihilfe zum Suizid, was in Deutschland nach wie vor nicht erlaubt und strafbar ist. Da jedoch das Recht auf aktive Sterbehilfe in vielen Ländern Europas erlaubt wurde – so in der Schweiz, den Niederlanden, Belgien und Luxemburg –, ist die Forderung nach Tötung auf Verlangen auch wichtiger Bestandteil der Diskussion auf gesellschaftlicher und politischer Ebene. Faktisch ist es so, dass wir als Deutsche die Möglichkeit haben, uns in eines der benachbarten Länder zu begeben, wenn wir Leid oder Schmerz nicht länger ertragen können und sterben wollen. Darüber hinaus bietet das Internet vielfältige Möglichkeiten, sich entsprechende Gifte oder Medikamente für einen Suizid zu besorgen. Das kann und wird jeder Einzelne nur für sich selbst entscheiden können.

In Zeiten der Überalterung und Vergreisung unserer Gesellschaft halte ich persönlich den generellen Ruf nach aktiver Sterbehilfe und ihrer Legitimierung jedoch für äußerst fragwürdig. Dazu müssen wir uns zunächst mit der Fragestellung beschäftigen, warum Sterbende Derartiges überhaupt fordern. Wir verfügen heute über ein ausgedehntes Netz von Palliativstationen und Hospizen, die es ermöglichen, einen Patienten weitestgehend schmerzfrei zu halten.
Solange sich jemand geliebt und erwünscht fühlt und respektvoll und würdevoll behandelt wird, wird er niemals um Sterbehilfe bitten. Das hat Elisabeth Kübler-Ross schon in den Siebzigerjahren festgestellt. Sterbende fordern dann Sterbehilfe, wenn die Schmerzen nicht zu ertragen sind. Viele haben Angst, den letzten Rest an Würde zu verlieren durch ihre Machtlosigkeit und Abhängigkeit. Ein Hauptbeweggrund ist auch, dass viele Patienten es ihren Angehörigen ersparen möchten, ihr Leid hilflos und ohnmächtig ertragen zu müssen.
Das Gefühl, nichts mehr für den Sterbenden tun zu können, lässt Angehörige das Leiden als sinnlos erscheinen. Daher bitten Familienmitglieder auch immer häufiger den Arzt um Sterbehilfe.
Für die Befürworter der Sterbehilfe ist das Selbstbestimmungsrecht über das eigene Leben das zentrale Argument: Jeder Mensch darf selbst bestimmen, wie er sterben will. Das wird als Akt der Barmherzigkeit angesehen, mit dem einem Menschen scheinbar sinnloses Leid erspart werden soll. Diese Sichtweise beinhaltet auch, dass der Tod als definitives Ende angesehen wird.

Durch die intensive Erforschung der Sterbeprozesse und Nahtoderfahrungen wissen wir heute, dass Bewusstsein unabhängig vom Körper existiert und dass der Tod nur ein Übergang ist in die andere Form des Seins. Im Sterbeprozess begreifen wir den Sinn des Lebens und was wir aus den negativen Erfahrungen gelernt haben. Wer sich bewusst darauf einlässt, setzt die inwendige Liebe des göttlichen Funkens frei und erlangt Vollendung durch die Akzeptanz seines Sterbenmüssens.

Deswegen wird der Augenblick des Todes als ein zutiefst heiliger Moment beschrieben. Sterben ist eine wichtige und sinnvolle Zeit, die uns auf den Übergang in die geistige Welt vorbereitet. Natürlich stehen derartige Auffassungen dem gegenwärtigen Umgang mit dem Sterben in der westlichen Welt diametral entgegengesetzt gegenüber. Was in diesem Kontext die aktive Sterbehilfe betrifft, ist es nicht an uns, Urteile über Menschen zu fällen, die sie für sich in Anspruch genommen haben oder nehmen möchten. Das ist einzig eine Frage der Eigenverantwortung und des Selbstbestimmungsrechtes, das wir niemandem absprechen können. Dass dabei so mancher Sterbende um gewisse inwendige Prozesse gebracht werden kann, ist allerdings die andere Seite der Medaille. Schlussendlich lässt sich aus der Eigenverantwortung kein allgemeines Recht auf Tötung ableiten. Je menschlicher wir mit Sterbenden umgehen, desto weniger wird der Wunsch nach aktiver Sterbehilfe auftreten.

18. Was erlebt ein Mensch im Koma?

Medizinisch gesehen ist Koma definiert als Zustand ohne Bewusstsein und ohne Wachheit. Die Augen sind geschlossen und körperliche Reaktionen bestehen aus unwillkürlichen Reflexen. Im EEG ist kein Schlaf- oder Wachrhythmus aufzufinden. Die Ursachen eines Komas sind schwere Schädigungen des Gehirns durch Unfälle, Hirnblutungen, Herzinfarkte oder Sauerstoffmangel.

Es besteht kein Zeitgefühl mehr. Wir wissen heute aus der Sterbeforschung, dass ein Mensch im Koma sich noch nicht endgültig für seinen Übergang entschieden hat, er also eine Wahl zu treffen hat, ob er zurückkehren will oder ins Licht gehen möchte.

Menschen, die aus einem Koma wieder aufgewacht sind, berichten übereinstimmend, dass sie alles mitbekommen hätten, was um sie herum geschehen ist. Sie haben bewusst wahrgenommen, was gesagt wurde und wer sie besucht hat. Koma ist ein Bewusstseinszustand zwischen Leben und Tod, wobei die Silberschnur noch nicht endgültig durchtrennt ist. Die Seele lockert sich und kann auf Reisen gehen.

Das dokumentieren die vielen Fantasiereisen, die mit der Klärung unerledigter Dinge zu tun haben. In einem Zustand zwischen Traum und Fantasie werden diese zwischen Leben und Tod ausagiert, um Frieden mit sich selbst zu schließen. Wichtig zu wissen ist es, dass diese Wahlmöglichkeit, zurückzukehren, in den ersten

drei Monaten besteht. Danach erschweren schwerste Hirnschädigungen das Erwachen.
Menschen im Koma scheinen nicht zu leiden. Veränderte Bewusstseinszustände im Koma oder in der Todesnähe zeigen, dass wir uns unabhängig vom Körper weiterentwickeln und auch Einblicke in jenseitige Welten erhalten.

19. Was geschieht bei einer Organentnahme?

Nach jedem Vortrag und in jedem Seminar wird nach der Schilderung des inneren Sterbeprozesses die Frage nach der Organspende gestellt. Wenn ich jetzt versuche, darauf einzugehen, so kann ich die Frage nur aus meinen persönlich gewonnenen Einsichten beantworten. Es ist nicht meine Absicht, irgendjemanden in seiner Entscheidung, ob er seine Organe spenden soll oder nicht, zu beeinflussen. Das ist eine ganz persönliche Sache und obliegt der Eigenverantwortung.
Wenn wir uns mit dem Thema Organspende näher auseinandersetzen wollen, ist zunächst festzuhalten, dass nur lebendige, lebendfrische Organe verpflanzt werden können. Sobald ein Mensch endgültig gestorben ist, sind die Organe unbrauchbar. Um eine Handhabung zu finden, in einen noch lebenden Organismus eingreifen zu können, wurde der Todeszeitpunkt vorverlagert durch das sogenannte Hirntodkonzept. Dabei gilt ein Mensch als verstorben, wenn die Gehirn-

schädigung irreversibel ist. Gleichzeitig werden die übrigen Funktionen des Körpers zur Organentnahme aufrechterhalten. In Wirklichkeit ist ein Hirntoter kein Leichnam, sondern ein Sterbender. Wenn Kreislauf, Herz und Atmung in Gang gehalten werden, kann die Seele den Körper nicht endgültig verlassen. Es wird verhindert, dass die Silberschnur, die Körper und Geist zusammenhält, durchtrennt wird. Erst wenn nach der Explantation die Maschinen ausgestellt werden, tritt der wirkliche Tod ein.

Der Mensch wird dabei ausschließlich als Körper definiert, da er aus Sicht der Medizin weder über eine Seele noch über ein unsterbliches Bewusstsein verfügt. Bei einer Organentnahme wird in den Sterbeprozess des Spenders eingegriffen, der bei Bedarf angehalten werden kann, oder der Tod wird beschleunigt durch eine sofortige Entnahme.

Es ist wichtig, sich bewusst zu machen, dass der Hirntod nicht der endgültige Tod ist, sondern ein Zwischenzustand zwischen Leben und Tod, der allerdings irreversibel ist. Wie bei jedem Sterbenden löst sich die Seele langsam vom Körper. Der Betroffene bekommt alles mit, was um ihn herum geschieht. Angehörige und Pflegepersonal berichten dementsprechend häufig von Zeichen und Reaktionen von Hirntoten, die von Ärzten meistens ignoriert werden.

Die Explantation erfolgt genau zu dem Zeitpunkt, wenn der Hirntote durch die Lockerung der Seele einen erweiterten Bewusstseinszustand erlebt. Insofern ist der eigene Wille für das Erleben der Organentnahme von Bedeutung, ob jemand zugestimmt hat oder nicht. Wenn Angehörige darüber entscheiden und sich der Betroffene nicht mit den Vorgängen beim Sterben beschäftigt hat, kann die Explantation traumatisch erlebt werden, da der Betroffene nicht erkennen kann, was da mit ihm geschieht.

Was den Organempfänger betrifft, so haben Untersuchungen gezeigt, dass viele nach einer Organtransplantation erhebliche Persönlichkeitsveränderungen aufweisen. Die Energie eines Verstorbenen, dessen Persönlichkeitsanteile, Gewohnheiten und Erinnerungen, werden auf den Empfänger übertragen. In jeder Zelle unseres Körpers sind diese Informationen gespeichert. Ein Mann, der Fastfood und Bier liebte, bekam das Herz einer Vegetarierin. Nach der Operation konnte er kein Fleisch mehr essen.

Empfänger von Organen übernehmen Gewohnheiten und Vorlieben des Spenders. Dafür gibt es unzählige Beispiele. Jeder von uns sollte sich frühzeitig einen eigenen Standpunkt zur Organspende bilden. Das ist ein Aspekt der Eigenverantwortung und des eigenen Willens. Insofern ist es wichtig, sich die geistigen Hintergründe und feinstofflichen Vorgänge bei einer Organtransplantation bewusst zu machen. Leider ist davon in den Hochglanzbroschüren der Transplantationsmedizin nicht die Rede. Es gibt kein Richtig oder Falsch, sondern nur die eigene bewusste Entscheidung, ob jemand ein Organ spenden möchte oder eher nicht.

20. Wie können wir Trauernde sinnvoll unterstützen?

Das Allerwichtigste in einer Trauerbegleitung – und das gilt ebenso für die Begleitung Sterbender – ist es, einfach für den Trauernden da zu sein. Bleiben Sie offen und authentisch, mitfühlend und verständnisvoll. Der aufrichtige Wille, helfen zu wollen, reicht aus, um einen Trauernden zu unterstützen. Niemand erwartet kluge Ratschläge, sondern nur ein nicht urteilendes Mitgefühl.

Trauerbegleitung erfordert die Bereitschaft, zuzuhören, was sich der Trauernde von der Seele reden will. Das mag für manchen eine große Herausforderung sein, wenn immer wieder von den Umständen des Todes eines geliebten Menschen gesprochen wird. Wichtig ist, möglichst nicht zu urteilen und Gesprächsbereitschaft zu signalisieren. Wer ohne Wertung zuhören kann, wird zu einem Segen für die Trauernden. Lassen Sie es zu, dass der Trauernde, sooft er es braucht, sich ausspricht, um sich dadurch zu entlasten. Seien Sie einfach für den Betroffenen da.

Es ist nicht notwendig, auf alles etwas zu erwidern, und nicht jede auftretende Stille muss aufgebrochen werden. Erwarten Sie nichts. Jeder Trauernde hat seinen eigenen Prozess der Verarbeitung seines Verlustes. Dafür gibt es keine Regeln. Deswegen sollte vermieden werden, kluge Ratschläge zu erteilen oder vorgefertigte Antworten zu geben. Nehmen Sie den Trauernden in seinem Sosein an, ebenso die Gesprächssituation, die so ist, wie sie ist.

Es ist wichtig, einem Menschen, der einen schweren Verlust erlebt hat, die Möglichkeit zu geben, seine Gefühle zum Ausdruck zu bringen. Genauso wichtig ist es in der Trauerbegleitung, die eigenen Gefühle offen und ehrlich zu zeigen. Seien Sie intuitiv und spontan, aber hinterfragen Sie nicht ständig Ihre Antworten. Trauer ist mit widersprüchlichen Gefühlen und Emotionen verbunden, da wir mit den eigenen Ängsten und Mängeln konfrontiert werden. Fragen Sie den Trauernden, was er denkt und fühlt, da nur seine Bedürfnisse im Mittelpunkt der Gespräche stehen sollten. Jeder muss durch den Trauerprozess zu einer Akzeptanz des Verlustes gelangen. Es ist nicht nötig, den Trauernden von seinen Gedanken um den Verlust abzulenken.
Schmerz ist ein Teil des Prozesses, durch den der Betroffene hindurchgehen muss. Das kann ihm niemand abnehmen. Versuchen Sie niemals, einfach das Thema zu wechseln. Niemand kann einem anderen vorschreiben, wie Trauer am besten bewältigt wird. Jeder braucht seine eigene Zeit und deswegen ist es nicht angebracht, eigene Vorstellungen, wie etwas zu sein hat, zu äußern.
Jeder Trauerprozess ist vorübergehend und endet irgendwann. Es bleibt keinem von uns erspart, uns in unserem Leben mit dem Schmerz eines Verlustes auseinanderzusetzen. Der Schmerz muss bewusst durchlebt werden, damit er angenommen werden kann. Das lässt uns dann wieder ganz und heil werden.

21. Was ist eine Palliativstation und was geschieht in einem Hospiz?

Eine Palliativstation ist eine stationäre medizinische Einrichtung zur Betreuung von Patienten, die austherapiert sind. Das Ziel ist, eine bestmögliche Lebensqualität und weitestgehende Schmerzfreiheit für den Patienten zu erlangen. Die Palliativmedizin bejaht das Leben und sieht Sterben als einen normalen Prozess. Der Tod wird weder beschleunigt noch hinausgezögert. Im Vordergrund stehen Symptomlinderungen bei Schmerzen, Übelkeit, Erbrechen, Luftnot, Verwirrtheit oder Unruhe.

Das Ziel einer Palliativstation ist also eine symptomorientierte medizinische Therapie, die es ermöglicht, dass ein Patient nach Hause entlassen werden kann oder in ein Pflegeheim oder Hospiz überwiesen wird. Im Gegensatz zu einem Hospiz gehören zum Pflegeteam immer auch Ärzte. Die Anzahl der Palliativstationen ist in den letzten Jahren stark gestiegen. Es wird angestrebt, dass jedem Patienten über seinen Hausarzt eine palliative Behandlung ermöglicht wird.

Dabei werden psychische und spirituelle Bedürfnisse in die Behandlung integriert, durch Psychologen, Seelsorger oder Sozialarbeiter. Palliativmedizin unterstützt das Leben der Patienten, damit sie bis zum Tod so aktiv wie möglich sein können. Dazu gehört auch, dass sie bis zuletzt ein selbstbestimmtes Leben führen können. Familie und Angehörige werden während der Erkrankung unterstützt und auch im folgenden Trauerprozess. Es geht um Gespräche über die auftretenden Ängste, über Dinge, die noch zu regeln sind. Auch religiöse oder spirituelle Fragen werden nicht ausgeklammert. Darüber hinaus existiert ein Netz von Palliativ-Care-Teams, die aus verschiedenen Berufsgruppen bestehen, um eine ganzheitliche Therapie zu Hause zu gewährleisten.

Ein Hospiz beinhaltet von seiner Idee her ein ganzheitliches Unterstützungs- und Betreuungskonzept für sterbende Menschen und deren Angehörige und ist die letzte Station der Lebensreise. Im Mittelpunkt der Arbeit der MitarbeiterInnen steht die Sterbebegleitung, wobei die Wünsche und Bedürfnisse des Sterbenden im Mittelpunkt stehen. Es handelt sich um ein ganzheitliches Betreuungskonzept, das die sozialen, psychischen, physischen und spirituellen Kernbedürfnisse des Menschen beinhaltet.

Sterbende sollen demnach ihre Würde und Selbstbestimmung behalten und möglichst im Beisein vertrauter Menschen sterben. Dabei ist es ein wichtiger Grundsatz, im Sterben möglichst schmerzfrei zu sein, wobei auch andere beeinträchtigende Symptome gelindert werden. In einer vertrauensvollen Atmosphäre können letzte Dinge geregelt werden.

Ein Hospiz ist offen für alle Glaubensrichtungen. Hospizarbeit erfolgt einerseits ambulant, sodass die Patienten zu Hause begleitet werden, oder stationär. Die gewählte Betreuungsform orientiert sich an den Bedürfnissen des Sterbenden.

22. Welche Rolle spielt die Religion für das Verständnis vom Sterben?

Jede Religion verkörpert einen Weg zurück zu Gott. Keine Religion steht über einer anderen. Vom Begrifflichen her bedeutet Religion Wiederverbindung oder Rückverbindung zum Schöpfer allen Seins, zur Urkraft, zur Quelle, der wir alle entstammen. Wer sich genauer mit den unterschiedlichen Religionssystemen beschäftigt, erkennt in aller Deutlichkeit, dass es in letzter Konsequenz um den EINEN Geist geht, der hinter allem Sein und allen Erscheinungsformen steht.

Wie ich schon oft betont habe, ist Gott Liebe. Bedingungslose Liebe verbreitet weder Angst, noch grenzt sie andere aus, noch straft oder verdammt sie. Und doch erleben wir gegenwärtig, wie radikalisierte und fanatische Gläubige Andersdenkende vernichten, wie Kriege geführt und Menschen gefoltert und auf brutale Weise getötet werden. Jede Art von Fanatismus führt stets dazu, andere zu unterwerfen. Dahinter steht der Glaube, im Besitz einer allein seligmachenden Wahrheit zu sein. Das trifft auf die christlichen Religionen ebenso zu wie auf den Islam, den Hinduismus etc.

Solange Menschen ermordet werden, weil sie bestimmte Vorgaben oder Dogmen nicht akzeptieren oder wegen ihrer Sexualität ausgegrenzt werden, ist das mit einem Gott der Liebe nicht in Einklang zu bringen. Wer Hass, Strafe und Verdammnis predigt, um der Herrschaft über die Gläubigen willen, hat sich von

Gott getrennt. Wir sollten lernen, mehr Toleranz und Akzeptanz Andersgläubigen gegenüber aufzubringen. In Bezug auf das Sterben kann Religion sehr hilfreich sein. Wer dadurch ein gewisses Gottvertrauen in seinem Leben erlangt, kann seine eigene Sterblichkeit oft besser annehmen. Allerdings zeigen sich in den Sterbeprozessen älterer Menschen, die noch eine strenge religiöse Prägung erlebt haben und an einen strafenden Gott glaubten, dass kurz vor dem Tod unerfindliche Schuldgefühle auftreten können. Sie glauben dann, in ihrem Leben versagt zu haben, und entwickeln Ängste, vor Gott nicht bestehen zu können. Gott ist Liebe. Vom Geistigen her betrachtet sind wir alle eins. Wir können schon im Leben in die Liebe erwachen und den anderen in seinem Sosein annehmen. Auf diese Weise kann sich die Welt verbessern, niemals jedoch durch Ausgrenzung, Intoleranz oder Machtstreben. Wir alle sind ein Teil eines Ganzen – unabhängig davon, welcher Religion wir angehören.

23. Haben Sie noch Angst vor dem Sterben?

Ich beschäftige mich seit über dreißig Jahren mit Sterben, Tod, Nahtoderfahrungen oder dem Leben nach dem Tod. Das hat mir persönlich sehr viel dabei geholfen, früher noch vorhandene Ängste abzubauen. Ich weiß heute, dass wir ewige Geistwesen sind und dass Gott Liebe ist. Strafe und Verdammnis sind Vorstellungen von Menschen, die ihre Ängste und Vorstellungen von Gerechtigkeit auf Gott projiziert haben. Die Auseinandersetzung mit dem Tod macht uns darauf aufmerksam, was wirklich wichtig im Leben ist. Hinter der Kunst zu sterben steht die Kunst zu leben. Die Richtschnur des menschlichen Handelns ist vorurteilsfreie Liebe, die den anderen in seinem Sosein annimmt, wie er ist.

Wenn wir nicht ständig alles persönlich nehmen würden, wäre eine ganze Reihe von Konfliktfeldern von vornherein bereinigt. Solange wir aus dem Ego heraus reagieren, sind Wut, Zorn, Aggressionen, Gier oder Neid die Folge. Hinter all diesen negativen Erscheinungsformen steht nichts anderes als die Angst, nicht genug geliebt oder wertgeschätzt zu werden. Wer jedoch die Mitte in seinem innersten Kern des höheren Selbst gefunden hat, ist mit sich und der Welt in Frieden.

Wir wissen nicht, wann wir sterben werden. Die Durchdringung und Erforschung des Todes hat in mir die Gewissheit reifen lassen, dass Sterben ein Wandel der Form ist in ein höheres Bewusstsein. Die Essenz unserer Persönlichkeit ist nicht an eine spezifische Form gebunden und existiert unabhängig davon. Wer seine unerledigten Dinge schon während seines Lebens bereinigt und versucht, liebevoll mit seinen Mitmenschen umzugehen, wovor sollte er noch Angst haben?

Ich glaube, von mir sagen zu können, dass ich jeder Zeit gehen kann, wenn es sein soll. Ich weiß, dass ich dann endgültig in die Liebe erwache. Ich habe keine Angst mehr vor dem Tod. Da jedoch niemand weiß, unter welchen Umständen er sterben wird, wünsche ich mir natürlich nicht ein langes schmerzvolles Leiden. Mir ist aber durchaus bewusst, dass wir uns das nicht aussuchen können. Sterben ist ein universelles und natürliches Geschehen.

Nahtoderfahrungen

1. Was genau ist eine Nahtoderfahrung?

Unter einer Nahtoderfahrung (NTE) werden die Erlebnisse von Menschen verstanden, die während einer lebensbedrohlichen Krise außergewöhnliche Bewusstseinszustände erfahren. Derartige Berichte existieren vom Anbeginn schriftlicher Aufzeichnungen in allen Kulturen, allen Religionen und zu allen Zeiten und sie weisen spezifische Gemeinsamkeiten auf wie Außerkörperlichkeit, Tunnel, Licht, Lebensrückschau, Begegnungen mit Verstorbenen etc.

Eine Nahtoderfahrung wird während eines Herzstillstandes erlebt, zu einem Zeitpunkt, in dem ein Mensch klinisch tot ist. Medizinisch gesehen verfügt ein Mensch während des klinischen Todes weder über Bewusstsein noch Selbstbewusstsein. Doch den Berichten zufolge verlässt der Betroffene seinen Körper und erlebt eine Kontinuität seines Ich-Bewusstseins. Raum und Zeit heben sich auf und er kann sich in Gedankenschnelle überall hinbewegen. Das begrenzte Erden-Ich geht über in ein Überbewusstsein bzw. einen erweiterten Bewusstseinszustand, durch den er imstande ist, Situationen zu erleben, die außerhalb der Reichweite seines Körpers liegen.

Ebenso gibt es das Phänomen der Gleichzeitigkeit des Erlebens, bei dem parallel mehrere Dinge gleichzeitig wahrgenommen werden können. Menschen, die ein Nahtoderlebnis haben, verfügen über klare, gut strukturierte Denkprozesse, Urteilungsvermögen und klare Erinnerungen.

Vonseiten der Wissenschaft wird gefordert, eine Nahtoderfahrung als tatsächliches Todeserlebnis zu bezeichnen, da der Begriff Nahtoderlebnis zu viele unterschiedliche und nicht klar trennbare Erlebnisse beinhalte. Zu diesem Schluss kommt Sam Parnia, Leiter der »Aware-Studie«, einer empirischen Langzeitstudie an europäischen und amerikanischen Krankenhäusern über Todesnäheerlebnisse.

Die Wissenschaft weiß heute, dass tatsächliche Todeserlebnisse vorkommen, wovon auch die Öffentlichkeit zunehmend Notiz nimmt. Schon der holländische Kardiologe Pim van Lommel zeigte in seiner bahnbrechenden Studie »Endloses Bewusstsein«, dass Bewusstsein unabhängig vom Körper existiert.

Die Nahtoderfahrung beschreibt, wie der Übergang von dieser in die andere Welt vollzogen wird. Daher wissen wir, was wir erleben werden, wenn wir sterben.

2. Was sind die wesentlichen Merkmale einer Nahtoderfahrung?

Wenn wir uns mit den Todeserlebnissen auseinandersetzen, sollte uns bewusst sein, dass alle bis heute vorliegenden Studien davon ausgehen, dass circa achtzehn Prozent aller Menschen, die klinisch tot gewesen sind, eine Nahtoderfahrung gemacht haben. Das bedeutet keineswegs, dass die anderen nichts erlebt haben, sondern ihr Erleben verdrängt haben oder sich durch Angst oder Widerstände dem Erleben gegenüber zu entziehen versuchten. Andere wiederum haben starke Beruhigungsmittel oder Psychopharmaka verabreicht bekommen, wodurch das Kurzzeitgedächtnis ausgelöscht wird.

Wissenschaftlich gesehen können wir die Todeslinie weder bestimmen noch messen. Deswegen ist es sehr wohl möglich, dass jemand während des klinischen Todes diese Linie gar nicht überschreiten konnte. Was bei allen vorliegenden Berichten deutlich wird – ob in alten historischen Dokumenten oder in aktuellen Berichten –, sind bestimmte Merkmale, welche die Definition des Nahtodes oder tatsächlichen Todeserlebnisses erst möglich machten.

Die Betroffenen erleben eine Kontinuität ihres Ich-Bewusstseins, was der Filter der menschlichen Wahrnehmungsfähigkeit ist. Sie nehmen subjektiv Dinge wahr, die sie selbst betreffen. Wenn jemand an eine ganz bestimmte Person denkt, befindet er sich unmittelbar in ihrer Gegenwart und kann später genau beschreiben, was diese Person gesagt oder getan hat. Das resultiert aus dem Umstand, dass wir unmittelbar das erleben, auf was sich das Ich durch seine Gedanken konzentriert oder fokussiert.

Ein Mann erlebte beispielsweise einen Herzstillstand und verließ seinen Körper. Dabei dachte er an seine Frau und befand sich unmittelbar im Warteraum des Krankenhauses. Er spürte, dass sie sich große Sorgen machte. Sie trug eine rote Hose, was er gar nicht wissen konnte, da er sich im Operationssaal befand. Später bestätigte seine Frau seine Angaben.

Viele bezeichnen das als ein höheres Gewahrsein, durch das ihnen bewusst wird, dass sie vom Kern ihrer Persönlichkeit ewige geistige Wesen sind, jenseits aller Rollen oder Formen, die unser Erdenleben bestimmen. Wir sind eine ewige Geistidentität, die durch ein Todeserlebnis aus der Begrenztheit sinnlicher oder körperlicher Wahrnehmungen in ein größeres Ganzes oder Überbewusstsein eingeht. Die Linearität der Zeit, wie wir sie erleben, löst sich auf in eine Gleichzeitigkeit, das Jetzt des Augenblicks, in dem alles Sein simultan existiert durch das nun erfahrene Einheitsbewusstsein.

Alle irdischen Sorgen und Ängste heben sich auf und werden ersetzt durch einen nie gekannten Frieden – durch Ruhe und Stille –, in dem die Mühsal und Bedingtheit der irdischen Existenz überschritten werden. Das bedeutet auch, dass alle vorhergehenden Schmerzen verschwunden sind, und mündet in die Bewusstheit, ganz und heil zu sein – unabhängig von schweren Unfällen oder Krankheiten, die ein Todeserlebnis ausgelöst haben.

Wenn das Erden-Ich den Körper verlassen hat, erlebt es einen grenzenlosen Bewusstseinszustand. Die Vorgänge an der vermeintlichen Unfallstelle, die Gedanken der anwesenden Sanitäter und Ärzte und gleichzeitig die Wahrnehmungen von Angehörigen, in deren Gegenwart sich Erlebende in Gedankenschnelle befinden, werden bewusst.

Letztlich zeigen alle Berichte über Außerkörperlichkeit, dass wir multidimensionale Wesen sind, die simultan alles Geschehen betrachten. Das ist durch die Sterbeforschung millionenfach verifiziert worden und konfrontiert uns mit der Tatsache, dass das menschliche Bewusstsein durch den Übergang in ein reines Überbewusstsein völlig unabhängig von Körper und Gehirn existiert.

Viele sprechen von einer Tunnelsituation, in die sie eingesogen werden, andere benennen eine Dunkelheit oder Leere oder sprechen von Übergängen über Brücken, Wiesen, Flüsse, Korridore etc. Das Bewusstsein erweitert sich nun noch einmal dergestalt, dass sich Wahrnehmungen der jenseitigen Welt einstellen: Die Betroffenen sehen ein überirdisches Licht, das aufscheint und sie magisch anzieht. Andere erleben eine Begegnung mit vorangegangenen Verstorbenen, die sie in Empfang nehmen und auf ihrer Reise in die Anderswelt begleiten. Es ist immer wieder von Lichtstätten, wunderschönen Landschaften oder Begegnungen mit Engeln oder Geistführern die Rede.

Übereinstimmend wird von einer Verschmelzung in ein alles durchdringendes Licht gesprochen, das als die größte mögliche, menschlich unvorstellbare bedingungslose Liebe bezeichnet wird. Die letzten Ängste oder Anhaftungen an Irdisches heben sich auf und die Betroffenen fühlen sich geliebt und angenommen wie nie zuvor in ihrem Leben.

Bilder ihres Lebens treten in der Anwesenheit des liebenden Lichtes an die Oberfläche des Bewusstseins, wie eine Art Tableau, in dem die Auswirkungen ihres Lebens auf sich und andere gleichzeitig erkannt wer-

den. Den Erlebenden ist bewusst – und das schlagartig –, dass sie als geistiges Wesen Liebe sind und dass das Erdendasein den Sinn hat, die inwendige Liebe des Gottesfunkens des höheren Selbst zum Leuchten zu bringen. Die Erkenntnis ihrer Irrtümer, Schwächen und Fehler dient der Bewusstwerdung, vor allem, sich selbst nicht genug geliebt zu haben.
Durch das Gewahrsein unseres Lebens, wie es wirklich war – und hier ist keine Täuschung mehr möglich –, löst sich erdwärts gerichtetes Denken auf durch ehrliches Verzeihen und durch Selbstvergebung. Nur Liebe befreit und heilt alte Wunden.
Die meisten Erlebenden kehren eher widerwillig in ihren Körper zurück, da sie diesen ewigen Zustand des Verständnisses und der Liebe nicht wieder verlassen wollen. Das überschreitet alle menschlichen Rollen und Formen und den Betroffenen wird vermittelt, wer sie wirklich sind. Es gibt keine Verdammnis oder Strafe, nur ein Wachsen an der grenzenlosen Liebe.

3. Sind Sterbeforschung und die Studien zu Nahtoderfahrungen eher Wissenschaft oder Esoterik?

Das Wissen darüber, was mit uns beim Sterben geschieht, zieht sich wie ein roter Faden durch die gesamte Weltgeschichte und durch alle Kulturen und Religionen, so gegensätzlich sie auch manchmal erscheinen. Sterben ist ein universelles Phänomen und das wohl

existenziellste Thema des Menschen. Wir wissen, dass wir vorübergehende, vergängliche Wesen sind.
In den Siebzigerjahren veröffentlichte Elisabeth Kübler-Ross ihre Beobachtungen des Sterbeprozesses (»Interviews mit Sterbenden«) und stieß auf eine gewaltige Resonanz in der Öffentlichkeit. Sterben und Tod wurden bis dahin in der öffentlichen Diskussion ausgeklammert und in die Badezimmer oder Besenkammern der Krankenhäuser verbannt. Damals begannen junge Ärzte in Amerika und auf der ganzen Welt mit der Erforschung der Nahtoderfahrungen und auch dessen, was Sterbende über ihre Erfahrungen kurz vor ihrem Tod berichteten.
Der amerikanische Psychiater Raymond Moody veröffentlichte 1977 die erste grundlegende Studie über Nahtoderfahrungen und definierte die wesentlichen Merkmale. In der Folge gab es bis heute weltweit Forschungen zu diesem Thema. Die wesentlichen Erkenntnisse sind, dass wir ewige geistige Wesen sind, dass das Leben nach dem Tod real ist und dass Bewusstsein unabhängig vom Körper existiert. In der Vielfalt der vorliegenden Berichte ist die Sterbeforschung eine solide empirische Wissenschaft.
Ihre Erkenntnisse werden früher oder später zu einer Revolution unserer Annahmen über Sterben und Tod führen. Eindeutig wurde bewiesen, dass wir alle in ein größeres Ganzes eingebettet sind. Die Sterbeforschung bestätigte viele Annahmen und Berichte, die in esoterischen Schriften aller Zeiten überliefert wurden. Esoterik mag heute einen negativen Beigeschmack haben,

doch in Wirklichkeit bedeutet der Begriff nichts anderes als die Tradierung verborgenen und geheimen Wissens über das Sterben, wie es heute durch die Forschung verifiziert wurde. Insofern ist Sterbeforschung Wissenschaft.

4. Können Sie aktuelle Forschungsergebnisse benennen und etwas zu ihrer Bedeutung sagen?

Eine der bedeutendsten Nahtodstudien unserer Gegenwart führte der holländische Kardiologe Pim van Lommel durch. Seine Erkenntnisse wurden 2009 in seinem Buch »Endloses Bewusstsein« veröffentlicht. Er und sein Forschungsteam hatten über einen Zeitraum von zehn Jahren Menschen direkt nach einem Herzstillstand über ihre Eindrücke und Erlebnisse während des klinischen Todes befragt. Die Forscher konnten sämtliche wesentlichen Merkmale der Nahtoderfahrung bei ihren Patienten nachweisen.
Pim van Lommel kam nach der Auswertung sämtlicher Daten zu dem Schluss, dass Bewusstsein unabhängig vom Körper existiert. Das gilt auch als Beweis der Existenz der menschlichen Seele wie auch des Fortlebens nach dem Tod.
Ein weiterer wesentlicher Aspekt seiner Studie war die konkrete Erforschung der Persönlichkeitsveränderungen nach einer Nahtoderfahrung. Die Forscher fanden heraus, dass es etwa sieben Jahre dauert, bis eine der-

artige Erfahrung in die Persönlichkeit eines Menschen integriert werden kann. Darüber hinaus zeigte sich, dass viele Erlebende ihren Transformationsprozess allein durchlaufen müssen, da es gesellschaftlich und im privaten und familiären Bereich noch viele Widerstände gegen die Nahtoderfahrung gibt.

Viele wollen sich nicht der Tatsache stellen, dass Nahtoderlebnisse nicht nur ein Leben nach dem Tod implizieren, sondern auch Begegnungen mit Gott aufweisen, dem Licht der bedingungslosen Liebe. Van Lommels Einsichten stehen in Widerspruch zur gängigen Sichtweise der Hirnforschung, wonach Bewusstsein ein Nebenprodukt des Gehirns sei und nach dem Tod ins Nichts versinke.

Weitere Beweise für ein Leben nach dem Tod legte der amerikanische Onkologe Jeffrey Long 2010 vor. Nachdem er mehrfach mit Menschen in Berührung gekommen war, die von ihren Nahtoderfahrungen erzählten, gründete er das weltweite Internetforum »Near Death Experience Research Foundation« (www.nderf.org), das mittlerweile größte Archiv für Nahtoderfahrungen weltweit. Er veröffentlichte eine umfassende Dokumentation über interkulturelle Nahtoderfahrungen. Long überprüfte die Erlebnisse von Menschen außerhalb des Körpers auf mögliche gehirnphysiologische oder chemische Erklärungen. Er kommt zu dem Schluss, dass Nahtoderfahrungen reale Jenseitserlebnisse sind und dass das Leben nach dem Tod wirklich ist. Wir gehen in eine andere Realität ein, wenn wir das irdische Leben verlassen.

Die wohl größte medizinische Studie über Todeserlebnisse und außerkörperliche Erfahrung ist die sogenannte »Aware-Studie«. Wissenschaftler der Universität Southampton haben vier Jahre lang über zweitausend Personen direkt nach einem Herzstillstand in fünfzehn Krankenhäusern in Großbritannien, den USA und Österreich nach ihren Erlebnissen während ihres klinischen Todes befragt. Sie fanden heraus, dass Bewusstsein nach dem Hirntod weiterexistiert. Über vierzig Prozent aller Betroffenen sprachen von einer Kontinuität ihres Bewusstseins. Sobald das Herz aufhört zu schlagen, funktioniert unser Gehirn nicht länger. Und doch konnte beispielsweise ein Mann, der sich außerhalb seines Körpers befand, den genauen Ablauf der Rettungsmaßnahmen beschreiben.

In dieser Studie finden sich auch die wesentlichen Merkmale des Nahtodphänomens wieder: Die Patienten sprechen von einem tief empfundenen Frieden, einer Zeitlosigkeit des Erlebens, sie begegneten dem Licht und befanden sich außerhalb ihres Körpers. Die Wissenschaftler stellten fest, dass die Aussagen nicht auf Halluzinationen oder Illusionen beruhen, sondern dass es sich um bewusste Wahrnehmungen realer Situationen handelt.

Die »Aware-Studie« ist prospektiver Natur und bezieht sich nicht auf Nahtoderfahrungen, die in der Vergangenheit stattgefunden haben. Sie gilt als die größte und wichtigste wissenschaftliche Erforschung des Todes. Im Oktober 2014 wurden die ersten Ergebnisse veröffentlicht, doch die Forschungen gehen weiter.

Ich frage mich allerdings ernsthaft, wie viele Beweise oder Studien über die Realität der Fortexistenz des Menschen nach dem Tod wir noch benötigen? Nahtoderfahrungen wurden zu allen Zeiten beschrieben und wir brauchen eigentlich nur zu wissen, dass wir ewige unsterbliche geistige Wesen sind. Das Leben endet nicht mit dem Tod. Das bezeugen auch die vielfältigen Nachtodkontakte.

5. Warum sind Nahtoderfahrungen wissenschaftlich umstritten?

Das Phänomen Bewusstsein konnte nie wissenschaftlich erfasst werden. Das vorherrschende Paradigma besagt, dass Bewusstsein ein Nebenprodukt des Gehirns sei, also aus seinen Funktionen hervorgegangen ist. Das führte zu der Annahme, dass durch den Tod des Menschen alle Lebensfunktionen ins Nichts versinken.
Da von der Wissenschaft ein allumfassendes höheres göttliches Bewusstsein ausgeschlossen wurde, führte das in der Bewertung und Erklärung der Nahtoderfahrungen zu längst widerlegbaren Argumentationen, es handle sich dabei um Auswirkungen von Sauerstoffmangel, Halluzinationen oder um die Ausschüttungen körpereigener Endorphine, die im Augenblick des Todes eine Euphorie auslösen und die Angst auflösen.
Dass dies eine rein auf den Körper bezogene Erklärung ist, zeigt sich in den Diskursen vor allem darin, dass ein ganzheitlicher und geistiger Aspekt des Menschen ge-

leugnet wird. Solange Bewusstsein, also Geist, den körperlichen Erscheinungsformen des Todes untergeordnet wurde, verschloss die Wissenschaft die Augen vor der Tatsache, dass die menschliche Lebenskraft Energie ist, die niemals vergeht, gemäß dem physikalischen Grundsatz, dass Energie nie vergehen kann, sondern nur ihre Form verändert.

Die Erkenntnisse der modernen Quantenphysik verweisen auf die Tatsache, dass es kein letztes physikalisches Teilchen gibt, sondern dass sich alle Energie wandelt, da Materie nur eine vorübergehende Form des Lebens an sich ist.

Sehr viele wissenschaftliche oder medizinische Nahtodforschungen kamen in den letzten Jahren zu dem Schluss, dass Bewusstsein unabhängig vom Körper existiert. Anders können die erlebten Phänomene der Menschen in den Nahtoderfahrungen gar nicht mehr erklärt werden.

Ein vom Körper oder vom Gehirn unabhängiges Bewusstsein bedeutet aber auch, dass es einen bewussten Geist oder einen Plan hinter allen messbaren Erscheinungsformen des irdischen Lebens geben muss, den wir durch unsere begrenzten Sinneswahrnehmungen weder messen noch erkennen können. Die Nahtoderfahrungen berichten übereinstimmend, dass den Erlebenden während ihrer außerkörperlichen Erfahrung ganzheitliche Zusammenhänge, nie gekanntes Wissen und Liebe zugänglich wurden, die als göttliche Macht hinter allem Sein interpretiert wurde. Es ist an der Zeit, die wirklich lebensverändernden Erkenntnisse

der Sterbeforschung über das Leben nach dem Tod und dem Eingebundensein in ein größeres Ganzes in das Alltagsleben zu integrieren und nicht länger als Hirngespinst abzutun.
Dann kann auch die Wissenschaft ihre Scheuklappen dem Geistigen gegenüber ablegen und die Großartigkeit des ewigen Lebens wird sie aus den Begrenzungen ihrer Wahrnehmungen führen – zum Wohle und Heil aller Menschen. Nahtoderfahrungen sind in den letzten vierzig Jahren so häufig wissenschaftlich erforscht worden, dass auch der sogenannte Mainstream diese fundamentalen Erkenntnisse über das Menschsein an sich nicht länger ignorieren kann.

6. Sind Nahtoderfahrungen abhängig von Kultur oder Religion?

Nahtoderfahrungen sind ein weltweites, universelles Phänomen und sie sind völlig unabhängig von den jeweiligen Kulturen, Religionen oder Glaubensvorstellungen. Atheisten erleben sie genauso wie Christen oder Hindus oder Personen, die dem Islam oder welcher Religion auch immer angehören. Lediglich die Interpretation der Begegnung mit dem Licht oder der göttlichen Liebe wird im Sinne des eigenen Glaubens verstanden.
Die Übergangsphänomene an sich und das Erleben der Außerkörperlichkeit oder des alles durchdringenden Lichtes sowie die Lebensrückschau sind interkultureller Natur.

Das deutet auf einen gemeinsamen Ursprung aller Menschen hin: Wir alle entstammen dem einen Geist des göttlichen Lichtes und kehren nach unserem Tod in die Quelle allen Seins zurück. Das ist ein Aspekt des menschlichen Lebens, der darauf verweist, dass wir alle unsterbliche ewige geistige Wesen sind. Gott ist bedingungslose Liebe und wir brauchen weder Tod noch Teufel zu fürchten noch Strafe oder Verdammnis, da wir alle göttliche Wesen sind.
Jeder von uns durchläuft unterschiedliche und dennoch einzigartige Stufen der Entwicklung. Die Herausforderungen unseres Lebens durch Leid, Verlust, Krankheit etc. dienen der Selbsterkenntnis, die jeder auf seine eigene individuelle Weise erlebt.
Keine Kultur oder Religion steht über einer anderen. Im Sterben, wenn wir in unsere geistige Heimat zurückkehren, sind wir gleich und befreit von irdischen Begrenzungen und Vorstellungen von Gut und Böse. Wir erkennen dann unsere wahre Essenz jenseits kultureller oder religiöser Vorstellungen.

7. Was ist die zentrale Bedeutung der Begegnung mit dem Licht?

Wir können aufgrund der heute vorliegenden Forschungsergebnisse die Aussage treffen, dass es die Begegnung mit dem Licht ist, welche die massiven Persönlichkeitsveränderungen nach einer Nahtoderfahrung auslöst. Das wird stets auch als Konfrontation mit einer bis dahin unbekannten und irdisch gesehen einer unerwarteten bedingungslosen Liebe beschrieben. Man spürt in den zahllosen Berichten aus allen Ländern der Welt eine Art überirdische Ehrfurcht, die jedoch keine Angst oder Fassungslosigkeit ausdrückt, sondern ein nie gekanntes Angenommensein und eine Geborgenheit, welche die Betroffenen so noch nie erlebt haben. Viele erkennen in diesem Licht ihren Ursprung und ihre ewige geistige Heimat. Sie wollen dann nicht länger auf die Erde zurückkehren, sondern in diesem Zustand von Erleuchtung und reiner Bewusstheit bleiben. Sie erkennen, wie begrenzt sie in ihrem Körper sind. Manche berichten von einer tief gehenden Verschmelzung mit dem Licht. Sie brauchten nur eine Frage zu denken und schon waren sie mit allem Wissen erfüllt. Sie verstehen, dass sie ein ewiges Wesen sind – jenseits aller irdischen Rollenspiele und jenseits aller körperlichen Form. Es vollzieht sich eine Art Wiedererinnerung an den Ursprung und das Leben nach dem Tod wird zur Gewissheit. Sie erleben eine Bewusstseinserweiterung, durch die alle irdischen Denk- und Glaubenskonzepte transformiert werden. Das hinterlässt tiefe Spuren, die nach ihrer Rückkehr in das Leben zu einer Veränderung bisheriger Einstellungen und Werte führen. Liebe wird als Urstoff und Urgrund des Seins an sich verstanden.

In der Wissenschaft spricht man von einer elektromagnetischen Neuvernetzung durch das Licht, die es nach der Rückkehr ermöglicht, paranormale Bewusstseinsphänomene zu empfangen.

Nahtoderfahrene fühlen sich zu diesem Licht unweigerlich hingezogen. So mancher spricht von der Erfüllung aller Sehnsüchte, die über jedes irdische Maß hinausgehen. Die Begegnung mit dem Licht setzt einen gewaltigen Transformationsprozess in Gang, da den Menschen bewusst wird, dass wir so viel mehr sind als das kleine Erden-Ich. Jenseits vom Körper, von Zeit und Raum erschließt sich der tiefere Sinn des Lebens: Wir sind ein Aspekt der bedingungslosen Liebe des Lichtes. Wir sind hier, um den Gottesfunken in uns zum Strahlen zu bringen, als Samen der göttlichen allumfassenden und alles durchdringenden Liebe.

8. Viele erkennen Gott in diesem Licht. Was denken Sie persönlich darüber?

Es gibt eine Urkraft hinter allem Sein, die die Atomteilchen in Schwingung versetzte, eine Art Urenergie, welche alle Schöpfung überhaupt erst möglich machte. Diese Urkraft bezeichnen wir mangels anderer Begriffe als Gott. Wenn Energie nicht vergehen kann und es im gesamten Universum kein letztes Teilchen gibt, lässt das den Schluss zu, dass hinter allen Erscheinungsformen der Gestirne, des Universums, der Materie sowie allen Lebens ein intelligenter Geist, die Urform allen Seins steht, die Liebe ist. Man kann das auch als eine Art Masterplan bezeichnen, dem alles andere Sein untergeordnet ist.
Mit dem Begriff Gott verbinden wir in unserem Kulturkreis den christlichen Gott. Uns ist eingeflößt wor-

den, dass wir, wenn wir nicht den Dogmen der Kirchen oder Religionen folgen, verurteilt, verdammt und bestraft werden für jeden kleinsten Fehler oder jede Unvollkommenheit. Über die Jahrtausende wurde das Druckmittel ewige Hölle benutzt, um Macht auf die Gläubigen auszuüben.
Der Gottesbegriff bzw. die Gotteserfahrungen in den Nahtoderfahrungen vermitteln ein völlig anderes Bild jenseits der begrenzten irdischen Perspektive. Es entsteht der Eindruck, als habe der Mensch aus dem Eingeschlossensein in die dualen Grundstrukturen unserer Welt das gesamte verfälschte System von Gut und Böse auf Gott und das Jenseits projiziert. Die direkte Begegnung mit dem Licht wird in den vorliegenden Berichten als überaus positiv, liebevoll und jenseits aller Angst wahrgenommen. Die bedingungslose Liebe Gottes verurteilt niemanden, sondern ist bereit, alles zu vergeben, damit der Mensch ganz und heil werden kann und sich befreien kann vom Staub der Zeit.

9. Was genau ist die Lebensrückschau?

In der Lebensrückschau werden wir nicht nur damit konfrontiert, wie wir selbst bestimmte Dinge erlebt haben, sondern auch mit den Auswirkungen unserer Gedanken, Worte und Handlungen auf andere Menschen. Es werden zahlreiche Einzelheiten wiedererlebt, die die Erlebenden längst vergessen haben. Meist ist damit ein Zuwachs an Wissen über Umstände der jeweiligen Situationen verbunden, welches den Betroffenen vorher nicht zugänglich war. Wir blicken unserem Leben in all seinen Facetten und Auswirkungen ungeschminkt ins Gesicht. Die Erlebenden erkennen, dass nichts von dem, was sie in ihrem Leben getan haben, verborgen bleibt.

Eine Frau schrieb mir: »Mein ganzes Leben erschien gleichzeitig vor mir wie auf einer Filmleinwand. Alles, was ich jemals gefühlt habe, war da, wie auch jedes Leid, das ich anderen zugefügt habe. Ich sah, wie mein Leben sich auf das Leben anderer ausgewirkt hatte. Angesichts der Liebe, die mich umgab, erkannte ich, wie viel Liebe ich hätte geben können.«

Der Maßstab bei der Betrachtung des eigenen Lebens ist die Frage, ob wir Liebe gegeben haben oder zurückgehalten haben. Da ist jedoch niemand, der uns verurteilt – höchstens wir selbst. Die Betroffenen berichten davon, dass ihnen ein spiritueller Berater zur Seite gestellt wurde, der nicht urteilt, sondern verständnisvoll reagiert. Es geht darum, die Verantwortung für sein Leben zu übernehmen. Deswegen wird die Lebensrückschau von so manchen nicht als angenehm empfunden. Es zeigt sich, dass nichts verloren geht, weder Angst noch Freude, weder Schmerz noch Glück. Alle unsere Gedanken, Worte und Taten sind in Energiefeldern in der geistigen Welt aufgezeichnet. Vielen wird bewusst, dass alles, was in unserem Leben geschieht, in einen größeren Sinnzusammenhang eingebunden ist.

Eine Frau berichtete nach einen Suizidversuch: »Ich besaß ein totales und klares Wissen darüber, was ich je erlebt habe, und das alles in einem Augenblick. Mein ganzer Zorn, die aufgestaute Wut und mein Hass auf andere führten mich in die Erkenntnis, warum ich mir das Leben nehmen wollte. Das half mir dabei, mich selbst besser anzunehmen.«

Während unseres Lebens können wir Unangenehmes verdrängen, doch die ungelösten Dinge unseres Lebens bleiben dennoch bestehen. Spätestens im Sterbeprozess tritt das Unerledigte an die Oberfläche des Bewusstseins. Je mehr davon vorhanden ist, desto schwieriger gestaltet sich der Sterbeprozess. Deswegen kann das Wissen um die Lebensrückschau dazu beitragen, die ungelösten Konflikte unseres Lebens am besten im Hier und Jetzt zu erledigen. Das kann uns viel Leid, Schmerz und Stress ersparen. Wir brauchen dann keine Angst mehr vor dem Sterben zu haben.

10. Stimmt es, dass Blinde während einer Nahtoderfahrung sehen können?

1982 berichtete Elisabeth Kübler-Ross in ihrem Bestseller »Über den Tod und das Leben danach«, mit blinden Menschen gesprochen zu haben, die während ihrer Todeserlebnisse sehen konnten. Sie sahen Farben, nahmen die Vorgänge um ihren Körper herum genauestens wahr oder konnten beschreiben, wie die Krankenschwester bekleidet war und welchen Schmuck sie getragen hat. Eigentlich sind derartige Wahrnehmungen für Menschen, die von Geburt an blind sind, überhaupt nicht möglich. Die Sehnerven sind derartig beschädigt, dass, wenn überhaupt, allenfalls schattenhaft Helligkeit oder Dunkelheit wahrgenommen werden können. Blinde haben also die Welt mit ihren Farben und Objekten nie sehen können.

Die Beobachtungen von Kübler-Ross nahm der amerikanische Sterbeforscher Kenneth Ring Ende der Achtzigerjahre zum Anlass, eine Studie über die Wahrnehmungen Blinder im außerkörperlichen Zustand durchzuführen. Er fand über dreißig Personen, die ihm Auskunft erteilten über ihre Erlebnisse. Ein junger Mann sah zum ersten Mal in seinem Leben eine schneebedeckte Landschaft, andere erblickten ihre Angehörigen und konnten beschreiben, wie diese aussahen, andere beschrieben Objekte (Tisch, Stuhl, Bett etc.), was sie alles zuvor noch nie gesehen und nur ertastet hatten. Derartige Phänomene werden bis heute immer wieder berichtet.

Nun fragen sich viele, wie sich ein derartiges Sehen erklären lässt, zumal die Betroffenen nach ihrer Rückkehr in den Körper wieder blind waren. Wenn wir die weitreichenden Erkenntnisse über die geistigen Vorgänge beim Sterben zugrunde legen, lassen sich derartige Phänomene wie folgt erklären: Sobald das Erden-Ich seinen Körper verlassen hat, heben sich alle biologischen, physiologischen oder psychischen Begrenzungen, die körperlicher Natur sind, auf. Wir machen die Erfahrung, dass wir jenseits irdischer Begrenzungen ganz und heil sind. Das stimmt überein mit einer der bekanntesten Kernaussagen Jesu im Neuen Testament.

»Blinde sehen wieder, Lahme gehen und Aussätzige werden rein. Taube hören, Tote stehen auf … Selig ist, wer an mir keinen Anstoß nimmt.« (Lukas 7,22–23)
Während der außerkörperlichen Erfahrung sind wir in einem erweiterten Bewusstseinszustand. Daher werden alle Dinge nicht länger aus den physischen Sinnesorganen heraus wahrgenommen, sondern aus einer Art »Geistsicht«, die es natürlich auch Blinden ermöglicht, aus der geistigen Perspektive heraus zu sehen.

11. Was berichten Menschen, die versucht haben, sich das Leben zu nehmen?

Ein Suizid ist heute immer noch von äußerst negativen Bewertungen und Verurteilungen geprägt. In der westlichen Welt, aber auch in vielen östlichen Religionen wurde der Suizid wie keine andere menschliche Handlungsweise stigmatisiert als die schlimmste Todsünde, die ein Mensch begehen kann. Das zeugt von wenig Einfühlungsvermögen in die Sorgen, Nöte, Ängste und den daraus resultierenden Leidensdruck, der vorausgeht, wenn sich ein Mensch das Leben nehmen will.
Suizid ist eine freie Entscheidung, die jeder zu einem bestimmten Zeitpunkt bzw. angesichts einer scheinbar aussichtslosen Situation treffen kann. Es ist eine Möglichkeit, die Gott in die Eigenverantwortung des Menschen gelegt hat. Die Bibel, die über diverse Suizide berichtet, bewertet oder verurteilt keinen der dargestellten Fälle und spricht auch nicht von Hölle, Strafe

und Verdammnis. Das wurde später von Menschen entsprechend interpretiert.
Menschen, die nach einem Suizidversuch eine Nahtoderfahrung gemacht haben, berichten in einer überwiegenden Mehrzahl davon, dass sie in der anderen Welt weder verurteilt noch verdammt wurden. Ihnen wurde vor Augen geführt, was sie selbst dazu beigetragen haben, sich das Leben nehmen zu wollen. Sie erfuhren eine Art geistiger Soforthilfe, damit sie aus ihrer Angst und Not oder einer schweren Depression in einen friedvolleren Zustand versetzt wurden.
Menschen, die Suizid begehen, suchen nach einer Befreiung von einem immensen inneren Leidensdruck. Sie sehnen sich nach Ganzheit und Harmonie, die sie auf Erden nicht mehr finden konnten. Deswegen ist die Selbstannahme ihre wichtigste Lektion, um sich von dem Druck zu befreien, der zu der Entscheidung geführt hat, sich das Leben nehmen zu wollen.
Ein junger Mann erzählte mir: »Ich befand mich zunächst in einer Grauzone, doch ohne jegliche Angst. Ich hörte Klänge, Musik, die mich entspannte. Ich vernahm eine Stimme, die mich tröstete und beruhigte. Dann sah ich ein weißes Licht und sah Ausschnitte aus meinem Leben. Ich erkannte, dass ich große Fehler gemacht habe. Irgendetwas zog mich ganz schnell in meinen Körper zurück. Heute weiß ich, dass es eine bessere Welt gibt, und ich lebe gerne. Ich glaube, das liegt daran, dass ich meine Fehler annehmen konnte.«
Natürlich ist ein Suizid keine Fahrkarte in eine bessere Welt, da sich jeder von uns – unabhängig von der Todes-

art – mit den Auswirkungen seiner Gedanken, Worte und Taten auf sich und andere auseinandersetzen muss. Wer dem Irrtum erlegen ist, in ein nebuloses Nichts zu flüchten, kann zunächst in einer Zwischenwelt stecken bleiben, zwischen dieser und der anderen Welt. Das ist keine Strafe, sondern eine Hilfe zur Bewusstwerdung, dass das Licht und die alles durchdringende Liebe die wahre Wirklichkeit sind. Das ist mitunter nicht so einfach, doch wenn jemand um Hilfe bittet, wird sie ihm gewährt. Gott ist Liebe und wir sind seine Geschöpfe. Deswegen kann die Essenz eines Menschen nie verloren gehen.

12. Unterscheiden sich Nahtoderfahrungen von Kindern von denen Erwachsener?

Es gibt eine Vielzahl von Forschungsergebnissen über die Nahtoderfahrungen von Kindern, wobei auch in diesem Bereich Elisabeth Kübler-Ross eine Vorreiterrolle zukam. Nachdem sie sich zunächst mit der Beschreibung und Erforschung des Sterbeprozesses beschäftigt hatte, widmete sie sich seit Ende der Siebzigerjahre ausschließlich der Begleitung sterbender Kinder, und das über einen Zeitraum von zehn Jahren. Sie konnte aufzeigen, dass Kinder weitaus weniger Angst vor dem Sterben haben als Erwachsene. Etwa bis zum Alter von sechs Jahren weisen Kinder eine tiefe Verbindung zur geistigen Welt auf.

Wenn beispielsweise ein dreijähriger Junge an Krebs erkrankt und viele Prozeduren über sich ergehen las-

sen muss, wird dies von dem Kind weitaus gelassener aufgenommen als von den Erwachsenen, die durch ihre Ängste blockiert sind und dementsprechend nicht frei auf die Bedürfnisse des Kindes eingehen können. In der Praxis der Sterbebegleitung zeigte sich, dass es häufig die Kinder sind, die ihre Eltern durch ihr Sterben hindurchbegleiten und versuchen, deren Ängste und Berührungsscheu aufzulösen.
Kinder wissen genau, wann der Zeitpunkt gekommen ist, den Übergang in die andere Welt zu vollziehen. Es gibt zahlreiche Berichte darüber, in denen Kinder ihren Eltern aufzeigen, dass die Zeit zum Loslassen gekommen ist, z.B. indem sie Berührungen zurückweisen. Auch Kinder erleben Visionen der Anderswelt, also sogenannte Sterbebettvisionen. Noch nie ist es dabei vorgekommen, dass sie lebende Angehörige in den Visionen erblickt haben, sondern es handelte sich stets um Verstorbene, Engel oder Geistwesen.
Das sollte uns zu denken geben, da die Sterbebettvisionen von Kindern identisch sind mit denen Erwachsener. Wenn es sich um Halluzinationen oder Wunschvorstellungen handeln würde, wäre zu erwarten, dass sie Papa, Mama oder ihre Geschwister sehen. Es gibt sogar Beispiele in der Forschungsliteratur, dass Personen gesehen wurden, von denen die Kinder und die Begleitenden gar nicht wussten, dass sie bereits verstorben waren.
So wurde eine Familie in einen schweren Autounfall verwickelt mit tödlichem Ausgang, nur die beiden jüngsten Geschwister wurden schwer verletzt auf die Intensivstation gebracht. Eine Sterbebegleiterin berich-

tete mir, dass sie den fünfjährigen Jonas begleitete, der plötzlich aus seinem Koma erwachte und ihr mitteilte, dass sein Bruder Andy da sei, um ihn in Empfang zu nehmen. Das erstaunte die Frau, wusste sie doch, dass Andy sich auch auf der Intensivstation befand, aber noch nicht verstorben war. Jonas starb kurz darauf in ihren Armen. Die Begleiterin erkundigte sich dann nach Andys Befinden und erfuhr, dass er bereits zwanzig Minuten vor Jonas gestorben war.

Nahtoderfahrungen von Kindern unterscheiden sich kaum von denen Erwachsener. Es ist natürlich klar, dass ein dreijähriges Kind kaum eine Lebensrückschau erleben wird, aber alle anderen Merkmale des Übergangs werden durchlaufen. Das ist ein klarer Beweis für die Authentizität der Todeserlebnisse.

Jeder, der vielleicht mit einem Jahr oder fünf Jahren eine Nahtoderfahrung erlebt hat, vergisst diese nicht. In späteren Jahren zeigen sich durchaus transformative Aspekte in ihren Auswirkungen, da diese Menschen keine Angst mehr vor dem Tod haben und spiritueller sind, vor allem im Vergleich zu ihren Altersgenossen.

13. Manche berichten darüber, negative oder höllische Erfahrungen gemacht zu haben. Können Sie etwas dazu sagen?

Menschliche Vorstellungen von der Hölle, von Strafe und Verdammnis sind in den Religionen und Mythologien der Völker weit verbreitet. Die Hölle beeinflusst noch heute die Gedanken von Millionen von Menschen, besonders in Amerika, wie die Umfragen immer wieder belegen. Deswegen werden viele in ihrem Leben von tief sitzenden Ängsten und Sorgen geplagt. Das Jenseits wird als ein Ort der Bedrohung und Bestrafung angesehen.

Ich mache immer wieder die Erfahrung, dass Menschen eher Negatives nach dem Tod erwarten, als dass sie sich die bedingungslose Liebe des Schöpfers, wie sie in den positiven Nahtoderfahrungen geschildert wird, vorstellen können. In der Forschung wird gelegentlich über negative oder höllische Erfahrungen während einer Nahtoderfahrung berichtet. Ihr tatsächliches Vorkommen schwankt zwischen ein und vier Prozent. Einiges deutet darauf hin, dass solch negatives Erleben eine Begegnung mit der eigenen Angst darstellt. Das wird vor allem in der initierenden Dunkelheit des Übergangs in den Tunnel erlebt. Die Reise ins Licht erfordert, die Kontrolle über die Situation aufzugeben. Je mehr sich jemand dagegen auflehnt, desto intensiver durchquert er eine Dunkelheit und Höllenlandschaften. Manche berichten sogar davon, dem Bösen, dem Teufel oder Dämonen begegnet zu sein.

Der Ursprung des Bösen ist die menschliche Angst. Durch die Bedrohung, die erfahren wird, kommt die unterdrückte Angst zum Vorschein. Die Hölle ist nichts anderes als ein Durchgangsstadium, bis die Seele erkennt, dass das Böse nur in uns selbst existiert. Dann geht die Seelenreise weiter.

Wenn jemand allerdings aus dieser bedrohlichen Situation unmittelbar zurückgeholt wird, glaubt er, den Dämonen tatsächlich begegnet zu sein.
Die Hölle ist ein Bewusstseinszustand und wir selbst sind unser schlimmster Feind, wenn wir nicht loslassen können. Das ist eine typische Reaktion, die Angst vor dem Verlust der Kontrolle über das Gewohnte. Die Angst wird dann auf eine Macht außerhalb von uns projiziert: auf den Teufel oder das Böse. Dahinter steckt die Angst vor dem Unbekannten. Die Forschung hat aufgezeigt, dass Höllenerfahrungen durchaus positive Persönlichkeitsveränderungen herbeiführen.
Genau betrachtet sind negative Todeserlebnisse unvollständige Nahtoderfahrungen, denn letztlich erwacht jeder – ob Mörder, Heiliger oder Despot – in das allumfassende Licht der Liebe. Wer glaubt, für jede Unzulänglichkeit und jeden Fehler bestraft zu werden, bestraft sich immer nur selbst.

14. Welche Beweise liefern Nahtoderfahrungen für ein Leben nach dem Tod?

Wer sich ernsthaft mit dem heute vorliegenden Forschungsmaterial auseinandersetzt, wird nicht umhinkommen festzustellen, dass Todeserlebnisse Einblicke in eine uns völlig fremde Dimension des Seins vermitteln. Während des Erdenlebens bleibt vielen Menschen der Zugang zu erweiterten Bewusstseinszuständen versperrt, erst recht, wenn das äußere Leben zu stark von

Ego und Verstand geprägt ist. Dann wird ein Leben nach dem Tod nicht für möglich gehalten.
Es sind vor allem Neurologen oder Hirnforscher, die stets aufs Neue den Menschen mit Nahtoderfahrungen ihre eindrücklichen Zeugnisse einer uns umgebenden und durchdringenden Jenseitswelt absprechen. Alle Lebensfunktionen und sinnlichen Wahrnehmungsmöglichkeiten werden in ihrer Sichtweise einzig auf Gehirnfunktionen zurückgeführt. Die Erlebenden berichten im Gegensatz dazu von einem Überbewusstsein, in das sie eingetreten sind, und erlangen in diesem höheren Bewusstseinszustand ein Wissen und sinnliche Eindrücke der geistigen Welt, die uns normalerweise im Körper nicht zugänglich sind.
Die erlebte Transzendenz deckt sich mit den historischen Totenbüchern, welche die Reise der Seele in die andere Welt beschreiben und die Verstorbenen auf ihrem Weg unterstützen wollen, wie beispielsweise im tibetischen Totenbuch. Daneben finden wir die Erleuchtungserfahrungen der Mystiker, Heiligen oder spirituelle Durchbrüche in tiefen Meditationen. Allen ist gemeinsam, dass die Einheit allen Seins geschaut wird, von der wir alle ein Teil sind.
Nahtoderfahrungen schildern in erster Linie den Weg, den wir alle beschreiten, wenn wir sterben. Sie bekommen nicht zuletzt eine neue Leuchtkraft durch die Schilderungen von Kindern. Viele Kritiker versuchen, das Erlebte mit dem Argument herunterzuspielen, dass die Merkmale einer Nahtoderfahrung durch zahllose Bücher, Talkshows oder dokumentarische Filme so

weit ins kollektive Gedächtnis gerückt seien, dass Menschen in Todesnähe sie durch eigene Gedankenkraft herstellen.

Dass dem nicht so ist, zeigen die Erfahrungen von Kleinstkindern, die von derartigen Begebenheiten nichts gewusst haben können. Es bleibt die Feststellung zu treffen, dass das Wissen über die Nahtoderfahrungen noch lange nicht in der breiten Bevölkerung angekommen ist. Das mögliche Fortleben nach dem Tod ist das existenziellste Thema des Menschen, da wir mit der eigenen Sterblichkeit und Vergänglichkeit konfrontiert sind. Andererseits ruft das Fortleben nach dem Tod und das Eingebundensein in einen göttlichen Gesamtzusammenhang jede Menge Skeptiker oder Kritiker auf den Plan.

Es wird versucht, Nahtoderfahrungen als Halluzinationen, Wunschvorstellungen, Sauerstoffmangel, Tunnelblick oder Endorphinausschüttungen abzutun. Das weckt bei vielen Menschen Zweifel. Wer sich wirklich ernsthaft mit den Todesnäheerlebnissen auseinandersetzt, erkennt sehr schnell, dass die Erlebenden von Dingen und Ereignissen berichten, die sie gar nicht wissen konnten.

Wenn Wahrnehmungen in Todesnähe Restwahrnehmungen der Sinne wären, könnten allenfalls Ereignisse rund um den Körper beschrieben werden, dann aber auch nur diese. Da das Erden-Ich nach dem Verlassen des Körpers eine unmittelbare Bewusstseinskontinuität erfährt mit einer intakten Ich-Identität, wird ihm alles zugänglich, auf was es sich fokussiert. Wer an bestimmte Angehörige denkt, befindet sich – unabhängig von der Distanz – unmittelbar in deren Gegenwart. Später kann der Erlebende genau beschreiben, was er wahrgenommen hat – was der Angehörige getragen hat, was er gemacht hat oder welche Objekte sich im Raum befanden etc.

Gleichzeitig entfaltet sich die Tunnelvision als Übergang in die andere Wirklichkeit und das Licht wird erblickt. Es kommt dabei zu einer immensen Bewusstseinserweiterung bis hin zu kosmischen Einheitserfahrungen. An diesen Erlebnissen zeigt sich, dass Nahtoderfahrungen tiefe Einsichten in die Struktur des Jenseits erhalten.

Eine Frau berichtet: »In diesem Licht war ich zum ersten Mal in meinem Leben ich selbst. Ich fühlte mich verbunden mit allem anderen Sein. Dadurch wurde ich zu dem allumfassenden Licht und war geborgen wie nie zuvor.« Andere werden von ihrem Schutzengel in Empfang genommen. Sie hören überirdische Musik und berichten von paradiesischen Landschaften, in denen alles vom Licht durchdrungen ist.

Eine Frau erzählte: »Ich war auf einer wunderschönen Wiese voller Blumen und Bäume. Ich vernahm eine harmonische Musik, wie ein Sphärenchor. Alles war lebendiger, als ich das jemals erlebt hatte, in einer einzigartigen Schönheit. Mir wurde bewusst, dass ich in diesem Alles-was-Ist mit Gott verbunden war.«

Häufig ist auch von Lichtstädten die Rede, von prachtvollen goldenen Straßen, in einer Reinheit und Klarheit der Form. Die Berichte reichen bis hin zu Beschreibungen des himmlischen Jerusalems, wie es in der Bibel geschildert wird. Auffällig ist eine Konstanz der Jenseitsschilderungen, die sich wie ein roter Faden durch die Menschheitsgeschichte ziehen. Die Erlebenden erkennen, dass ihre wahre Heimat in dieser glückseligen Welt der Liebe und transzendenten Schönheit liegt. Durch den erweiterten Bewusstseinszustand ist der Mensch Teil eines ewigen Ganzen, mitunter erhalten die Erlebenden einen Zugang zu allem Wissen.

Wie das funktioniert, schildert ein Mann wie folgt: »Du brauchst einfach nur zu denken, was du wissen willst, und schon erhältst du Antworten auf all deine Fragen. Ich war eins mit allem Wissen. Ich war mir aller Dinge bewusst, die jemals erschaffen worden sind. Alles geschieht gleichzeitig und für mich war dieses Erleben wie eine Erleuchtung. Ich wusste einfach, warum jedes Atom ist.«

Dieses hohe geistige Wissen sprengt die Konzepte der irdischen Wirklichkeit und ist nach der Rückkehr in den Körper nicht länger zugänglich, da der Verstand das Erlebte nicht fassen kann. Dennoch wird eine derartige überwältigende Erfahrung nie vergessen. Bei manchen gipfelt eine Nahtoderfahrung in einer Verschmelzung mit Gott.

Eine Frau berichtet: »Als ich in diese allgegenwärtige Präsenz eintauchte, war ich reine ewige Liebe, eins mit allem Sein und ich war alles, was ist. Ich war Gott geworden, in einer totalen unbegrenzten Bewusstheit. In SEINER Gegenwart zu sein überstieg jede Art von Liebe und Harmonie und ich fühlte SEINE alles durch-

dringende Intelligenz, die mein Wesen für immer veränderte.«
Die Erfahrung, mit dem Zentrum Gottes verschmolzen zu sein, beantwortet jede Lebensfrage und erklärt jeden Sinn des Lebens. Es existieren keine Worte, um ein derartiges transzendentes Erlebnis angemessen beschreiben zu können.

15. Was sind ultimative Nahtoderfahrungen?

Unter einer ultimativen Nahtoderfahrung wird ein Erleben verstanden, das über die üblichen Kernelemente Tunnel, Licht, Lebensrückschau hinausgeht und Schöpfungsgeheimnisse offenbart sowie tiefste Einsichten in jenseitige Begebenheiten enthalt. Derartige Berichte offenbaren ein strahlendes Universum und führen in den letzten Ursprung der Schöpfung.
Manche reisen über das bekannte Licht hinaus und berichten von der Existenz eines zweiten Lichtes, der ursprünglichen Quelle allen Seins, aus der wir kommen und in die wir zurückkehren. Aus dieser Quelle der Schöpfung, die auch als Urlicht Gottes bezeichnet wird, fließt ewige absolute Liebe und vollkommenes Wissen. Das ist die Konfrontation mit dem Ursprung aller Dinge und Wesen, das Erleben des Einsseins mit Gott.
Den Betroffenen wird bewusst, dass sie mit einem kosmischen Netz organischer Einheit miteinander verbun-

den sind. Alle Lebewesen bilden ein untrennbares Ganzes und deswegen sind wir in Wirklichkeit nie von Gott getrennt. Wir sind seine Manifestationen, als Teil des ewigen Lebens und eines allumfassenden Bewusstseins.
Das sind Bewusstseinszustände jenseits des menschlichen Verstandes, eine Begegnung mit allem, was ist. Dieses ultimative Erleben des Einsseins mit dem Schöpfer erinnert in seinem Kern an die Versenkungen und Verzückungen der Mystiker aller Zeiten, die seit Jahrtausenden überliefert worden sind. Auffällig ist, dass in den letzten Jahren immer häufiger ultimative Nahtoderfahrungen veröffentlicht worden sind, wie z.B. Eben Alexanders »Blick in die Ewigkeit«, Anita Moorjanis »Heilung im Licht« oder Annie Kagans Bericht über ihre ausführliche Nachtodkommunikation »Das zweite Leben des Billy Fingers«.

16. Was sind die wichtigsten Persönlichkeitsveränderungen?

Eine Todeserfahrung erweist sich für die Person, die sie macht, als ein lebensveränderndes Ereignis und manifestiert sich in den vielfältigen Persönlichkeitsveränderungen. Betroffene sprechen von der totalen Revision ihrer Anschauungen. Die Angst vor dem Tod hebt sich auf, das Leben an sich gewinnt eine größere Wertschätzung und bewirkt eine liebevollere Gesinnung, die nicht länger urteilt. Die Erlebenden sind sich des Ein-

gebundenseins in ein größeres Ganzes bewusst, wodurch materielle Dinge an Stellenwert verlieren.
Ein nachhaltiger Wandel der Werte setzt ein und Lebensauffassungen, Denkkonzepte und Glaubensvorstellungen verändern sich. Die Menschen haben durch ein Nahtoderlebnis die persönliche Erfahrung gemacht, dass es ein Leben nach dem Tod gibt und dass Gott wirklich existiert.
Die Forschung hat festgestellt, dass es ungefähr sieben Jahre dauert, bis ein Todeserlebnis in die Persönlichkeit eines Menschen integriert werden kann. Es ist keineswegs so, dass jemand auf der Intensivstation wieder zu sich kommt und automatisch ein neuer Mensch ist. In Wirklichkeit durchlaufen die Betroffenen einen länger andauernden Transformationsprozess. Die Erlebenden machen dabei immer wieder die Erfahrung, dass ihr Umfeld nicht bereit ist, sich mit dem Nahtoderlebnis auseinanderzusetzen.
Viele sind daher auf sich selbst gestellt und es kommt durchaus vor, dass manche erst viele Jahre später im geschützten Rahmen eines Seminars darüber berichten. Aus Furcht vor Zurückweisung hüten andere ihre Erfahrung ein Leben lang wie ein Geheimnis. Betroffene entwickeln ein völlig neues Selbstbild, da sie nicht länger von den vorgefassten Meinungen anderer abhängig sind. Sie können sich selbst und andere besser annehmen. Sie leben intensiver als vorher und versuchen, ihr urteilendes Selbst abzustreifen.
Die Forschung hat festgestellt, dass diese Veränderungen durch die Begegnung mit dem Licht hervorgerufen

werden. Das stärkt den Selbstwert und das Selbstvertrauen. Nahtoderfahrene kommen mit einer veränderten Sichtweise auf den Tod ins Leben zurück: Sie wissen, dass er nur ein Übergang ist in eine andere Form des Seins und der Kern der menschlichen Persönlichkeit unzerstörbar ist.

Deswegen wird die Welt nicht länger aus der Perspektive des Egos betrachtet, sondern aus der geistigen Einheit allen Seins. Nahtoderfahrene wissen, dass Bewusstsein unabhängig vom Körper existiert und ewig ist. Sie erkennen die wichtigste Lebensaufgabe aller Menschen: lieben zu lernen. Manche entdecken, dass sie über heilerische Fähigkeiten verfügen, und sie bemerken Veränderungen in ihrem elektromagnetischen Feld, die sie durchlässig machen für höhere geistige Energien.

Auch paranormale Fähigkeiten treten häufig in Erscheinung. Dazu gehören Telepathie, Medialität, Hellsichtigkeit, Wahrträume oder Vorahnungen. Es werden erweiterte Bewusstseinszustände erlebt und so mancher erhält Informationen aus der geistigen Welt.

Es ist nicht einfach, mit diesen paranormalen Fähigkeiten umzugehen und sie zu integrieren, oft wissen die Betroffenen nicht, an wen sie sich überhaupt wenden können. Nahtoderfahrene stoßen auf erhebliche Widerstände, da ihr Erleben oder ihre neu gewonnenen Fähigkeiten von den Angehörigen als Bedrohung empfunden werden.

Ein Mann berichtete mir weinend während eines Seminars: »Ich habe immer wieder versucht, meiner Frau von diesem außergewöhnlichen Erlebnis zu erzählen.

Sie war nicht bereit, mir zuzuhören. Meine Erfahrung stellte ihr Weltbild infrage und das empfand sie als Bedrohung. Sie kam überhaupt nicht damit klar, dass sich meine Einstellungen verändert haben. Schließlich ließen wir uns scheiden.«

17. Welche Rolle spielt das Bewusstsein im Zusammenhang mit Nahtoderfahrungen?

Als Menschen sind wir uns unserer selbst bewusst und können Gedanken oder Erfahrungen reflektieren, die wir auf uns selbst und auf andere beziehen. Das ist eine Fähigkeit, die den Menschen von allen anderen irdischen Bewusstseinsformen unterscheidet. Deswegen wissen wir auch, dass wir sterben werden, was uns von den Tieren unterscheidet, die nicht ein Leben lang Ängste vor dem Sterben entwickeln. Tiere reagieren auf ihre Umwelt durch den Instinkt, der Mensch durch seine Emotionen und Gedanken.
Bewusstsein ist ein universales Phänomen. Es durchdringt alles Sein, jeden Menschen, jede Pflanze und jeden Stein. Bewusstsein ist ein Sein an sich, in das wir eingebunden sind. Im Körper ist Bewusstsein beschränkt auf die Wahrnehmungsfähigkeit unserer fünf Sinne: Hören, Schmecken, Riechen, Fühlen und Sehen. Das bedeutet nichts anderes, als dass wir während des Erdendaseins immer nur Ausschnitte der äußeren Wirklichkeit erkennen können – niemals aber das Ganze. Bewusste Wahrnehmung ist davon abhängig,

worauf wir uns fokussieren. Wenn fünf Personen denselben Unfall beschreiben, erhalten wir fünf verschiedene Aussagen über den Unfallhergang.
Bewusstsein ist sozusagen die Voraussetzung, um als geistiges Wesen ein immer höher werdendes Bewusstsein zu erlangen.
Für den Naturwissenschaftler bleibt das Vorhandensein des Bewusstseins ungeklärt, da es weder sichtbar noch messbar ist, genauso wenig wie das Gefühl Liebe. Für viele Forscher ist das Bewusstsein ein Nebenprodukt der Gehirnfunktion, ist also dem Körperlichen unterworfen. In Wahrheit ist Bewusstsein ein Aspekt der Lebensenergie des Menschen und ein Informationsträger.
Die Nahtoderfahrungen konfrontieren uns mit der augenscheinlichen Tatsache, dass Bewusstsein unabhängig vom Körper existiert. Es ist vor unserer Existenz im Körper vorhanden und auch dann, wenn der Körper verlassen wird. Das heißt nichts anderes, als dass Bewusstsein die dem Menschen innewohnende Lebensenergie steuert und eben nicht das Gehirn. Das Gehirn ist vergleichbar mit einem Computer, der die Impulse einer höheren Wirklichkeit zur Integration in das Gehirn sendet, damit Wahrnehmungen verarbeitet werden können.
Bewusstseinsimpulse sind unabhängig vom Körper als Ausdruck und Informationsträger des EINEN umfassenden Geistes. Während einer Nahtoderfahrung zeigt sich, dass das Ich eine Bewusstseinskontinuität erlebt in Form einer immensen Bewusstseinserweiterung, in

der nun alles gleichzeitig erlebt wird, ohne länger an Zeit und Raum gebunden zu sein.

Das geschieht zu einem Zeitpunkt, wenn der Mensch klinisch tot ist. Medizinisch gesehen verfügt er dann weder über Bewusstsein noch Selbstbewusstsein, da das Gehirn sozusagen lahmgelegt ist. Jenseits der körperlichen Ebene wechselt das Erden-Ich in ein allumfassendes, höheres Bewusstsein, das reine göttliche Bewusstsein des ewigen Jetzt. Irdische Begrenzungen sind aufgehoben und der Nahtoderlebende befindet sich in einem reinen Gewahrsein. Was immer mit ihm zu tun hat oder worauf er sich auch konzentrieren mag – alles wird zugänglich und er wird zum Beobachter und gleichzeitig zum Erlebenden.

Das allein vermag alle Wahrnehmungen von Menschen während einer Nahtoderfahrung zu erklären: das Eingebundensein in einem allumfassenden göttlichen Bewusstsein der Liebe, in dem alles gleichzeitig zugänglich ist, unabhängig von Körper und Gehirn. Das ist das Bewusstsein der Ewigkeit.

Das Leben nach dem Tod

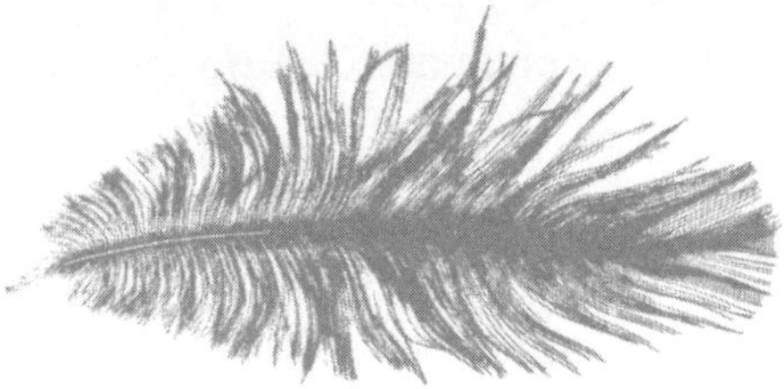

1. Können Verstorbene mit uns in Kontakt treten?

Viele Menschen, die einen Angehörigen verloren haben, berichten darüber, die Gegenwart eines Verstorbenen gespürt zu haben. Diese sogenannten Nachtodkontakte sind viel weiter verbreitet, als die meisten Menschen annehmen. Verstorbene versuchen immer wieder, Zeichen ihrer Anwesenheit zu geben. Sie teilen mit, dass es ihnen gut geht, dass wir uns keine Sorgen machen sollen und dass wir sie eines Tages wiedersehen werden.

Verstorbene spenden Trost, um die Trauer um den Verlust zu lindern, und machen uns darauf aufmerksam, dass es keine Trennung zwischen Lebenden und Verstorbenen gibt. Wir bleiben durch unsere Liebe mit ihnen verbunden. Wenn sich ein Verstorbener auf einen bestimmten Angehörigen konzentriert, befindet er sich augenblicklich in dessen Gegenwart.

Unabhängig davon, wo sich der Verstorbene in der geistigen Welt aufhalten mag, bekommt er alles mit, was in unserem Leben geschieht – wenn er es wissen will. In der anderen Welt sind wir in einem erweiterten Bewusstseinszustand, in dem alles gleichzeitig zugänglich ist. Durch dieses Gewahrsein bleibt nichts verborgen, da der freie Geist nicht länger durch seine fünf Sinne begrenzt ist, sondern sich in einem Zustand von Allgegenwärtigkeit befindet.

Die menschliche Wahrnehmung ist hingegen in ihren Möglichkeiten zersplittert, da wir uns immer nur auf wenige Ausschnitte der Wirklichkeit konzentrieren können, nie aber auf das Ganze der göttlichen Einheit. Verstorbene sind nach ihrem Übergang reines Bewusstsein und reine Schwingung, also energetische geistige Wesen, wenn sie erdwärts gerichtetes Denken loslassen können und ihre Lebensrückschau vollzogen haben. Deswegen haben sie auch einen größeren Überblick über das Leben ihrer Angehörigen.

Viele Menschen berichten davon, in gefährlichen Situationen von einem Verstorbenen gewarnt und zu raschem Handeln aufgefordert worden zu sein. Eine Frau erzählte mir, sie sei auf einer verlassenen Landstraße in eine undurchdringliche Nebelbank geraten. Plötzlich vernahm sie die Stimme ihrer verstorbenen Mutter im Kopf, die ihr geradezu befahl, sofort zu bremsen. Die Frau befolgte ihren Rat. Es stellte sich heraus, dass sie sonst in einen Auffahrunfall geraten wäre.

Eine andere Frau berichtete, dass sie nach dem Tod ihres Mannes das Testament und weitere wichtige Geschäftsunterlagen nicht finden konnte. Kurz darauf hatte sie einen Traum, in dem ihr ihr Mann erschien. Er machte sie darauf aufmerksam, dass die gesuchten Papiere in einem Ordner mit der Aufschrift »Eisenbahnen« in seinem Bücherschrank zu finden seien. Tatsächlich fand die Frau am nächsten Tag dort die gesuchten Unterlagen. Es gibt unzählige ähnliche Beispiele, die uns zeigen, dass Verstorbene unsere Ängste und Sorgen mitbekommen. Nachtodkontakte sind alles andere als Halluzinationen oder Wunschfantasien der trauernden Angehörigen.

Nachtodkontakte gehen von einem Verstorbenen aus und können von uns selbst nicht hergestellt werden. Manche Menschen bekommen gleich mehrere Zeichen, andere nur wenige oder gar keine. Das ist davon abhängig, ob wir uns dafür öffnen können oder ob die Trauer zu manifest ist und wir dadurch undurchlässig sind für die Präsenz eines Verstorbenen. Dass Verstorbene mit uns in Kontakt treten können und das auch immer wieder tun, daran gibt es nicht den geringsten Zweifel. Diese empirischen Erlebnisse sind unabhängig davon, ob wir derartige Phänomene glaubwürdig finden oder nicht.

2. In welchen Formen treten Nachtodkontakte auf?

Sehr viele Menschen erleben im Augenblick des Todes eines Angehörigen, von dem sie noch gar nicht wissen, dass er gestorben ist, eine Präsenz oder Erscheinung, als wolle sich der Verstorbene verabschieden. Die Forschungsliteratur verweist darauf, dass diese Phänomene sich exakt im Augenblick des Todes ereignen. Eine Frau berichtete mir vom Tod ihres Onkels. »Sie hatten ein sehr enges Verhältnis und die Frau begleitete ihn schon mehrere Wochen in seinem Sterbeprozess. Eines Abends war sie zu erschöpft, um noch eine weitere Nacht an seinem Bett zu verbringen. Sie fuhr nach Hause und legte sich schlafen. Gegen drei Uhr nachts wurde sie von einem Lichtschimmer im Raum geweckt. Sie erblickte darin die Silhouette ihres Onkels.

Sie war verblüfft und doch wusste sie im gleichen Moment, dass ihr Onkel gestorben war. Er vermittelte ihr telepathisch, dass er endlich von seinen Schmerzen befreit sei. Er liebe sie sehr und danke ihr für alles, was sie für ihn getan habe. Dann verschwand das Licht. Kurz darauf rief das Krankenhaus an, um mitzuteilen, dass der Onkel um drei Uhr gestorben sei.

In den Wirren und dem Massensterben des Zweiten Weltkrieges traten derartige Phänomene gehäuft in Erscheinung. Millionen Gefallene meldeten sich im Augenblick ihres Todes bei ihren Angehörigen. Klopfgeräusche wurden vernommen, es kam zu Erscheinungen, Uhren blieben im Augenblick des Todes stehen und selbst schwere Gegenstände, die einen Bezug zu einem spezifischen Verstorbenen darstellten, wurden bewegt oder fielen von der Wand. Damals bezeichnete man diese Ereignisse als Krisenerscheinungen.

Sehr weit verbreitet ist das Gefühl der Gegenwart oder Nähe eines Verstorbenen. Wer das je erlebt hat, weiß, dass die individuelle Ausstrahlung wahrgenommen wird und der Verstorbene dadurch identifiziert wird. Viele spüren dabei eine Wärme oder Liebe, die von innen nach außen strahlt. Der Kontakt geht vom Verstorbenen aus, was als Echtheit oder Authentizität einer solchen Begegnung erkannt wird. Nachtodkontakte durch die Präsenz eines Verstorbenen treten unmittelbar in Alltagssituationen auf, ohne dass der Erlebende an Derartiges gedacht haben muss.

»Maria hatte ihren Mann durch eine lange Krebserkrankung verloren. Dennoch konnte sie seinen Tod nicht annehmen. Eines Tages war sie beim Bügeln, als sie wie aus dem Nichts die Gegenwart ihres Mannes verspürte. Sie fühlte seine vertraute Nähe und seine Liebe hüllte sie ein. Er vermittelte ihr telepathisch, dass sie sich keine Sorgen machen solle. Es gehe ihm gut und er sei da, wo er jetzt ist, sehr glücklich und doch gleichzeitig immer bei ihr. Maria fühlte sich getröstet und fand durch diese Begegnung neuen Lebensmut.«

Stets verbunden mit dem Gegenwartsgefühl sind die unerwarteten Geruchsphänomene. Dabei wird der spezifische Duft eines Verstorbenen – Rasierwasser, Parfüm, Blumen, Tabak oder Pflegecreme – im Raum, aber auch an jedem anderen Ort in der Natur wahrgenommen. Es gibt dafür keine natürliche Erklärung. Dieses häufig auftretende Phänomen verweist auf die Gegenwart eines bestimmten Verstorbenen.

»Sandra hatte ihren fünfjährigen Sohn durch eine Leukämie verloren. Sie pflegte ihn über längere Zeit auch zu Hause und verwendete eine spezifische Pflegecreme mit einem fruchtigen Melissenaroma. Nach dem Tod ihres Kindes war sie über Wochen wie versteinert. Da sie die erste Zeit die auftretenden Erinnerungen zu Hause nicht ertragen konnte, war sie häufig bei ihren Eltern. Eines Abends saß sie in deren Wohnzimmer, als sie wie aus dem Nichts einen Geruch nach Melisse wahrnahm. Im selben Moment spürte sie die Anwesenheit ihres Sohnes. Es war, als öffnete sich ihr Herz, und seine Liebe durchströmte sie von innen nach außen. Sie fühlte sich unglaublich getröstet und wusste nun, dass es ihrem Sohn gut geht.«

Manchmal kann es auch zu körperlichen Berührungen seitens der Verstorbenen kommen. Das tritt besonders dann auf, wenn vorher eine intensive und intime Beziehung bestanden hat. Es handelt sich dabei stets um vertraute Gesten durch einen Kuss, ein Streicheln oder eine Berührung, die von den Erlebenden erkannt wird. »Suzanne konnte den Unfalltod ihres Mannes nicht annehmen. Sie konnte nicht einschlafen und weinte sich häufig in den Schlaf. Eines Nachts spürte sie die unmittelbare Nähe ihres Mannes neben sich, der sanft ihre Hand streichelte. Es fühlte sich genauso an, wie er es zu seinen Lebzeiten immer getan hatte. Ihr Mann vermittelte ihr telepathisch, dass er immer für sie da sei und dass sein Tod seine Bestimmung gewesen sei. Suzanne fühlte sich getröstet und geborgen. Durch ihr Erlebnis fand sie neuen Lebensmut.«

Verstorbene sind ungebunden und frei und nicht länger durch einen Körper begrenzt. Sie sind reine Energie, also reines Bewusstsein auf einer höheren Schwingungsfrequenz. Alles Sein findet gleichzeitig statt und ist allgegenwärtig bewusst. Deswegen sind Nachtodkontakte Energietransformationen. Die Verstorbenen passen ihre höhere Schwingung der Dichte unserer Welt an, um dadurch Zeichen ihrer Gegenwart zu geben.

Manche brauchen einige Zeit nach ihrem Tod, um sich an die Möglichkeiten der Energietransformation wieder zu erinnern, andere erkennen schon im Augenblick ihres Todes, wie sie mit Angehörigen in Kontakt treten können. Verstorbene können jede beliebige Form annehmen, indem sie sich physisch manifestieren (z.B.

durch Erscheinungen). Sie können alt aussehen oder als Kind erscheinen. Manche wirken durchscheinend, sind in einen Lichtstrahl oder eine Lichtkugel eingehüllt.

Sie vermögen, ihre reine Bewusstseinsenergie überall dorthin zu lenken, wo sie mit Menschen in Kontakt treten wollen. Die Vielzahl der elektrischen Phänomene – Lichter gehen an und aus, Elektrogeräte stellen sich von selbst an und aus, Glühbirnen zerplatzen, Computer spielen verrückt und senden eigentümliche Botschaften, Handys oder Telefone übertragen Botschaften – verweist darauf, dass die Energie der Verstorbenen der Elektrizität sehr nahe kommt. Verstorbene versuchen auf diese Weise, ihre Gegenwart zu bekunden.

»Mein Vater war vor ein paar Wochen verstorben und er fehlte mir sehr. Neben seinem Foto hatte ich eine Kerze angezündet, die plötzlich unregelmäßig zu tanzen begann. Im gleichen Moment schaltete sich die Schreibtischlampe von allein ein und ich spürte die Nähe meines Vaters. Ich fragte mich, ob es möglich wäre, mit ihm zu kommunizieren. Im selben Moment ging die Lampe aus und wieder an. Das wiederholte sich ein paarmal als Antwort auf meine Fragen. Mein Vater reagierte direkt auf meine Gedanken. Ich war sehr glücklich über dieses konkrete Zeichen seiner Gegenwart.«

Selbst schwerste Gegenstände können durch diese Art der Energietransformation bewegt oder sogar aus der Verankerung gerissen werden. Verstorbene sind in der Lage, das Energiefeld vor und hinter einem Objekt zu verändern, und setzen es dadurch in Bewegung.

Ein Mann erzählte mir vom plötzlichen Tod seines Sohnes mit zweiunddreißig Jahren. Immer wieder suchte er sein Wohnzimmer auf und spürte dort seine Präsenz. Das Lieblingsbild seines Sohnes war ein Buddha-Bildnis, das in einem schweren Rahmen an der Wand hing. Der Vater verbrachte davor Stunden der Versenkung. Plötzlich löste sich das Bild aus der Verankerung, drehte sich und landete sanft in seinen Armen. Das war ein außergewöhnliches Zeichen für die Präsenz seines Sohnes.

Besonders häufig sind Nachtodkontakte im Traum. Im Traum ist das Wachbewusstsein ausgeschaltet und daher können die Verstorbenen uns durch das Unterbewusstsein selbst im Fall einer schweren Trauer erreichen. Träume von Verstorbenen unterscheiden sich erheblich von den Alltagsrestverarbeitungsträumen, da sie in einer höheren Wirklichkeit verankert sind und deswegen nie vergessen werden. Verstorbene bedienen sich der Energietransformation, um sich im Traumzustand physisch zu manifestieren. Das ist natürlich keine körperliche Manifestation, sondern die geistige Projektion eines Bildes.

Kennzeichnend für derartige Begegnungen im Traum ist es, dass die Verstorbenen aussehen wie in der besten Zeit ihres Lebens. Wenn also der Vater nach einem langen auszehrenden Leiden mit achtzig gestorben ist, würde er im Traum aussehen wie mit vierzig. Alle vorhergegangenen physischen Gebrechen oder Beeinträchtigungen sind verschwunden. Den Erlebenden wird vermittelt, dass die Seele immer ganz und heil ist.

»Monika hatte ihren siebzehnjährigen Bruder durch einen Unfall verloren, bei dem er sehr stark verstümmelt wurde. Sie machte sich große Sorgen und grübelte viel darüber, wie es ihm wohl gehe. Eines Nachts erschien er ihr im Traum. Er strahlte sie an und zu ihrer Verwunderung zeigte er keine Verletzungen, die durch den Unfall entstanden waren. Er war ganz und heil und nahm sie fest in beide Arme. Er sagte ihr, dass sie sich keine Sorgen machen solle und dass es ihm wirklich gut gehe. Als Monika erwachte, spürte sie die Nachwirkung seiner Liebe und wusste nun, dass es ihm gut geht. Endlich konnte sie wieder durchatmen und ihren tiefen Schmerz loslassen.«

Viele Menschen erhalten subtile, symbolische Zeichen der Präsenz eines Verstorbenen. Äußere Ereignisse stehen in einem assoziativen Bezug zu einem Verstorbenen. Manche erleben das als eine persönliche Offenbarung, wenn ein Verstorbener direkt mit ihnen in Verbindung tritt. Symbolische Nachtodkontakte werden in Form von Naturphänomenen, Regenbögen, Blumen oder Tieren erlebt. Daraus resultierende Synchronizitäten und Fügungen sind Ausdruck einer uns umgebenden höheren Welt. Da wird beispielsweise ein Regenbogen mitten im Winter erlebt als Symbol für die Brücke zwischen Diesseits und Jenseits. Das geschieht oft genau dann, wenn es dem Trauernden besonders schlecht geht. Wir bleiben durch Liebe immer mit den Verstorbenen verbunden.

Häufig sind auch Erlebnisse mit Schmetterlingen. Sie gelten als Symbol der Auferstehung und des Lebens

nach dem Tod und umschreiben den Übergang der Seele in die andere Welt: Die Raupe wird zum Schmetterling. Ein Mann erzählte mir von seinem diesbezüglichen Erlebnis bei der Beerdigung seines Sohnes:
»Nach seinem tödlichen Unfall war ich am Boden zerstört. Bei seiner Beerdigung wurde der Sarg in der Kirche aufgebahrt. Es war ein sehr regnerischer und kalter Tag im November, als plötzlich die Sonne herausbrach und fast mystisch seinen Sarg beleuchtete. Im selben Moment erschien ein großer, weißer Schmetterling und setzte sich auf seinen Sarg. Dort verblieb er während der gesamten Trauerfeier. Für mich und viele andere Anwesende war das ein deutliches Zeichen seiner Gegenwart, was mich sehr beruhigte: Ich wusste nun, dass es ihm gut geht.«
Wer jemals bewusst einen Nachtodkontakt erlebte, hat die Erfahrung gemacht, dass wir von den Verstorbenen nicht getrennt sind und dass das Leben nach dem Tod real ist. Es ist Heilung für manchen Verlust und vermag alte Denkkonzepte zu verändern. Wir wissen dann, dass wir die Verstorbenen wiedersehen werden.

3. Hat jeder die Möglichkeit, mit Verstorbenen in Kontakt zu treten?

Wir alle sind in unserem tiefsten Inneren Träger des göttlichen Funkens, ohne den wir gar nicht lebensfähig wären. Deswegen sind wir von der geistigen Welt niemals getrennt. Der Mensch verfügt über das grundsätzliche Potenzial, mit Verstorbenen oder Geistführern in Kontakt zu treten. Solange jedoch der tiefste Wesensgrund im Menschen nicht erkannt wird, sind wir von den inneren Impulsen des höheren Selbst abgeschnitten. Dann leben wir im Außen, im Verstand und im Ego und können die geistigen Impulse nicht wahrnehmen.

Das höhere Selbst kann als innere Stimme oder durch Intuition erfasst werden. Wer in Ruhe und Stille versucht, mit seinem innersten Kern in Verbindung zu sein, wird sich der göttlichen Präsenz bewusst. Wir können den Kontakt mit einem Verstorbenen nicht erzwingen.

Wir können darum bitten, ihn in einen Traum einladen oder beten, doch die Kontaktaufnahme ist vom Willen des Verstorbenen abhängig. Deswegen können wir Nachtodkontakte nicht manipulieren, sie sind nicht von unseren Wünschen abhängig.

4. Was ist ein Medium?

Es wird immer wieder die Frage gestellt, ob es Menschen gibt, die bewusst Kontakte mit Verstorbenen herstellen können. Die Frage ist eindeutig mit einem Ja zu beantworten. Personen, die Derartiges vermögen, werden als Medium bezeichnet. Ein Medium kann eine Verbindung mit der jenseitigen Welt zu einem Verstorbenen herstellen. Menschen mit derartigen Fähigkeiten hat es zu allen Zeiten, in allen Kulturen und in

allen Religionen in der menschlichen Geschichte gegeben. Medialität entwickelt sich aus dem Glauben an ein Fortleben nach dem Tod.
Hinweise darauf zeigen sich schon in den frühesten Kulturen. Der Ursprung aller Religionen war der Urschamanismus. Priester und Medizinmänner konnten ihren Körper verlassen und stellten dadurch die Verbindung zur Geisterwelt und ihren Ahnen her. Jeder medialen Tätigkeit liegt ein erweiterter Bewusstseinszustand zugrunde. Der Kontakt wird ermöglicht durch die Verbindung zum eigenen höheren Selbst.
Ein gutes Medium vermag sehr wohl ganz persönliche Ereignisse aus dem Leben eines Verstorbenen zu schildern. Das sind Dinge, die das Medium selbst gar nicht wissen kann, was jedoch eindeutig einen Identitätsbeweis liefert. Manche beschreiben Bilder oder sehen die Verstorbenen und können ihr Aussehen wiedergeben. Andere bekommen ihre Botschaften durch Hellfühlen und Hellhören. Medialität kann auch Hellsehen bedeuten, die außersinnliche Wahrnehmung von Dingen der äußeren oder jenseitigen Welt.
Die meisten Medien sind bei vollem Bewusstsein, wenn sie ihre Botschaften übermitteln. Andere haben Zugang zu den kosmischen Energiefeldern, die auch als Akasha-Chronik bezeichnet werden und in denen alle Gedanken, Worte und Taten aller Menschen aufgezeichnet sind. In unserem Kulturkreis weniger häufig verbreitet ist es, dass sich ein Medium in einen Trancezustand versetzt und der Geist eines Verstorbenen vollständig von ihm Besitz ergreift und durch es hindurch spricht.

In den medialen Sittings zeigt sich immer wieder, dass die Verstorbenen mit ihren persönlichen Eigenarten nach dem irdischen Tod weiterleben. Sie halten sich weiterhin in unserer Gegenwart auf und nehmen Anteil an unserem Leben. Medien können deswegen die Persönlichkeit und Charakterzüge eines Verstorbenen beschreiben sowie Details aus seinem Leben.
Die Möglichkeit der Kontaktaufnahme mit dem Jenseits wurde zu allen Zeiten von Skeptikern infrage gestellt. Im Bereich der Medialität tummeln sich auch immer wieder viele Scharlatane. Dennoch sollten wir unsere Augen nicht vor den wahrhaft medial begabten Menschen verschließen. Ein Medium kann sehr wohl dabei behilflich sein, Hinterbliebene durch die vermittelte Gewissheit des Fortlebens nach dem Tod in ihrer Trauer zu trösten. Das ist dann nichts anderes als praktische Lebenshilfe.

5. Darf ich überhaupt ein Medium aufsuchen?

Es gibt sehr viele Menschen, die Angst vor einem Medium haben, weil sie darin aufgrund enger religiöser Vorstellungen das Werk des Teufels sehen. Manche glauben, dass wir die Ruhe der Toten nicht stören dürfen. In Wirklichkeit sind Verstorbene lebendiger als je zuvor und versuchen auf vielfältige Weise, Zeichen ihrer Präsenz zu vermitteln.
Wer ein Medium aufsucht, hat die Möglichkeit, mit einem spezifischen Verstorbenen in Kontakt zu treten

und gegebenenfalls auch Unerledigtes oder Unausgesprochenes zu klären. Viele fühlen sich nach einem guten Sitting wesentlich besser und erleichtert, da sie die Gewissheit erlangt haben, dass ein geliebter Angehöriger tatsächlich weiterexistiert und nach wie vor Anteil an ihrem Leben nimmt.

Allerdings sollten wir mit möglichst wenig Erwartungen in eine mediale Sitzung gehen. Es kommen nicht unbedingt immer die Dinge zur Sprache, die wir hören wollen. Kein Medium kann einen Verstorbenen zwingen, tatsächlich in einer bestimmten Sitzung in Erscheinung zu treten. Wie in den Nachtoderlebnissen geht der Kontakt auch in einem medialen Sitting vom Verstorbenen aus. Wenn die Zeit reif ist, mit einem Verstorbenen in Kontakt zu treten, geschieht das auch. Ängste und Zweifel behindern den Fluss der Botschaften. Auch die Fixierung auf bestimmte Schlüsselwörter ist wenig hilfreich.

Die Entscheidung, ein Medium aufzusuchen, liegt bei uns selbst und ist nicht an Vorstellungen von richtig oder falsch gebunden. Die beständigen Abwertungen von Medialität in der Öffentlichkeit sollten uns nicht von der Tatsache ablenken, dass Kontakte mit Verstorbenen real sind. Wer an einem Leben nach dem Tod zweifelt, kann sehr wohl durch eine Sitzung bei einem Medium eines Besseren belehrt werden.

6. Was ist die Seele und wie unterscheidet sie sich vom höheren Selbst?

Nach meinem Verständnis ist die Seele der feinstoffliche Träger des menschlichen Geistes, also des Bewusstseins. Die Seele ist weder dem Geist zugeordnet noch dem Göttlichen. Obwohl sehr viele Menschen die Einheit mit ihrer Seele als Ziel ihres Lebens betrachten, ist die menschliche Seele lediglich ein Zwischenträger, also etwas Vorläufiges.

Als Gefäß des Geistes vermag die Seele, in deren Innenräumen der göttliche Funke des höheren Selbstduals aufzufinden ist, während ihrer irdischen Inkarnation Impulse zu setzen, damit die irdische Persönlichkeit nach Höherem strebt.

Nach dem Verständnis vieler Menschen wird die Seele irrtümlicherweise für ein Bindeglied zwischen dieser und der anderen Welt gehalten. Die Seele ist ein Aspekt der astralen Welt, also des erdwärts gerichteten Denkens. Sie repräsentiert das Karmagesetz von Ursache und Wirkung, was dazu geführt hat, dass sich die Menschen selten aus dem Rad der Wiedergeburt befreien konnten. Wer die Seele für das Absolute hält, verkennt, dass das wahre Bindeglied zwischen Gott und Mensch der göttliche Licht- und Liebesfunke des höheren Selbstduals in uns ist.

Die Seele will sich erleben und ist an den äußeren Dingen der Welt interessiert. Deshalb ist sie in die irdischen Täuschungen und Illusionen der Dualität (Gut und Böse, Richtig oder Falsch) eingebunden. Die Seele

ist also nicht das Licht selbst. Einzig das Licht bringt die Befreiung aus den Erdenillusionen und dem Egodenken.
Durch die Bewusstwerdung und Verschmelzung mit dem höheren Selbst können alle Überlagerungen durch die Seele aufgelöst werden, ebenso wie alle Blockierungen und Ängste, damit das Licht frei in uns fließen kann und uns in die Liebe erwachen lässt.
Erst wenn sich alles erdwärts gerichtete duale Denken aufgelöst hat, kann der Mensch erkennen, dass er ein freies, unbegrenztes geistiges Wesen ist. Wir sind eine ewige Geistidentität und darum ein Aspekt des reinen absoluten göttlichen Bewusstseins. Die Seele jedoch hat kein eigenständiges Bewusstsein und ist daher nicht das stellvertretende Göttliche im Inneren des Menschen.
Es sind die Innenräume der feinstofflichen Seele, in denen sich der göttliche Funke im Menschen befindet, der tiefste Kern der menschlichen Persönlichkeit, der als höheres Selbst oder Dual bezeichnet wird. Das ist das unantastbare göttliche Zentrum in uns, der Sitz der Wahrheit und der Liebe, das jedem von uns zur Verfügung steht.
Manche sprechen in diesem Zusammenhang vom Heiligen Herzen, das hinter dem physischen Herzen angesiedelt ist. Es vermag mitunter die physische Herzfrequenz zu verändern, wenn eine Person offen ist für die Einströmungen des Lichtes. Das höhere Selbst liebt uns bedingungslos und will mit uns in Kontakt treten. In dieser Mitte finden wir Geborgenheit, Liebe, Gelas-

senheit, Kraft und Stärke in den Windstürmen unseres Lebens.
Wer sein Selbst liebt, liebt sich selbst und andere bedingungslos und ist mit dem EINEN göttlichen Selbst bewusst verbunden, dem einzigen Ursprung allen Seins. Hier finden wir durch Ruhe und Stille Antworten auf alle Fragen der menschlichen Existenz. Der höhere Selbstdual sendet Informationsimpulse und wird als innere Stimme oder durch die Intuition wahrgenommen. Das ist der Speicher in jedem Menschen für unbegrenztes geistiges Wissen.

Durch das Studium mystischer Erlebnisse, in deren Zentrum die Einswerdung mit Gott steht, und entsprechende Nahtoderfahrungen habe ich den Eindruck gewonnen, dass die Instanz des höheren Selbstduals im Laufe der Jahrtausende mit der Seele verwechselt worden ist.
Die Seele ist eine Orientierungshilfe im Körper, damit wir unsere Individualität herausbilden können, um zwischen Geist, Bewusstsein und Verstand unterscheiden zu können. Da sich die Seele durch den Menschen erfahren möchte, strebt sie nach äußeren Dingen, vermag aber durchaus die individuelle Prägung eines Menschen zu beeinflussen, da sie durch die Persönlichkeit und durch das Ego nach außen wirkt. Doch sie ist eben nicht das Licht. Der höhere Selbstdual ist unsere wahre geistige Ergänzung während des Erdenlebens. Er macht uns darauf aufmerksam, unsterbliche, ewige, unbegrenzte Wesen zu sein, was wir sind und schon immer waren.

7. Was können wir über das Leben nach dem Tod wissen?

Es gibt immer noch viele Menschen, welche die Meinung vertreten, dass wir über das Leben nach dem Tod gar nichts wissen können. Eine beliebte Floskel in diesem Zusammenhang ist der Satz: »Es ist doch noch niemand aus dem Jenseits zurückgekehrt.« Das wird besonders von Menschen betont, die sowieso nicht an ein Leben nach dem Tod glauben. Und doch ist das Wissen über das Jenseits und seine unterschiedlichen Bewusstseinszustände zu allen Zeiten in der menschlichen Geschichte dokumentiert worden. Schamanen, Hellsichtige, Mystiker, Menschen, die die Schwelle zum Tod durch Todesnähe überschritten haben, oder hellsichtige Medien haben stets ähnliche Beschreibungen der jenseitigen Welt bekundet.

Darüber hinaus existiert eine Fülle von gechannelten Informationen, in denen Geistführer oder Verstorbene mittels Telepathie über jenseitige Gegebenheiten berichten. Das Jenseits ist also keineswegs so abgetrennt von uns, wie das viele immer noch annehmen. Wenn sich jemand mit der reichhaltigen Literatur darüber beschäftigen will, ist es ratsam, den verschiedenen Aussagen gegenüber kritisch zu bleiben. Es gibt große Widersprüche zwischen einzelnen Autoren und niemand kann für sich eine absolute Wahrheit in Anspruch nehmen. Die wohl tiefsten Eindrücke über das Leben nach dem Tod vermitteln meiner Ansicht nach die Nahtoderfahrungen.

Wenn wir uns mit dem Leben nach dem Tod näher auseinandersetzen sowie mit der Frage, was wir tatsächlich darüber wissen können, lässt sich zunächst die Aussage formulieren – und zwar aufgrund der Gemeinsamkeiten der vielfältigen Berichte –, dass jeder sein Sterben auf seine eigene individuelle Weise erlebt. Wenn die Seele als Träger des Geistes bzw. des Bewusstseins den Körper endgültig verlassen hat, nimmt sie zunächst alles wahr, was sich am Ort ihres Todes zu diesem Zeitpunkt ereignet. Manch einer denkt an seine Frau oder Kinder und befindet sich unmittelbar in deren Gegenwart. Raum und Zeit sind aufgehoben und der soeben Verstorbene kann sich in Gedankenschnelle überall aufhalten.

Andere, die ein langes Leiden durchlitten haben, schweben direkt in das Licht, das sie nun erblicken. So mancher Verstorbene hält sich noch tagelang in der Nähe seines Körpers oder seiner Angehörigen auf und wohnt der Beerdigung bei. Über derartige Erlebnisse wird immer wieder berichtet.

Wiederum andere sind irritiert oder orientierungslos, da sie ein Leben nach dem Tod nicht für möglich gehalten haben, und fliehen vor dem Licht.

Aus den Nahtoderfahrungen, dem Sterbeprozess und dokumentierten medialen Sitzungen wissen wir, dass Verstorbene von vorangegangenen Angehörigen in Empfang genommen werden. Es gibt eine Art Begrüßungskomitee. Das Wiedersehen mit längst verloren geglaubten Verstorbenen ist ein intensives energetisches Erleben und überwältigend. Die Erlebenden wissen

dann an der Schwelle zur jenseitigen Welt, dass das Leben nach dem Tod real ist.
Derartige Begegnungen und Verschmelzungen überschreiten jegliche menschliche Vorstellung von Wirklichkeit. Wir sollten uns allerdings diese Begegnungen nicht körperlich vorstellen, denn was nun stattfindet, ist ein zutiefst geistiger und energetischer Vorgang, jenseits der Form und jenseits von Raum und Zeit.
Die niederste Sphäre ist die Welt der erdgebundenen Seelen, eine Art Zwischenwelt zwischen der Erde und dem Jenseits. Hier finden sich die Wesen, die noch nicht verstanden haben, dass sie gestorben sind und die ihren Übergang nicht akzeptieren können. Durch die erlebte Bewusstseinskontinuität sind sie orientierungslos oder bleiben gebunden durch Hass, Gier, Rachsucht oder Nichtloslassenkönnen von Orten oder Personen. Manche flüchten vor dem Angesicht des Lichtes.
Diese Sphäre ist keine Hölle, sondern dient der Eingewöhnung und Erkenntnis, erdwärts gerichtetes Denken zu überwinden. Diese Ebene reflektiert die negativen Gedanken ihrer Bewohner, ist jedoch nur eine Durchgangsstation zu dem Bewusstsein, ein ewiges Wesen zu sein. Manche versuchen weiterhin auf der Erde einzugreifen oder manipulieren Menschen durch Besetzungen. Andere versuchen, ihre Süchte, z.B. Alkohol, Drogen etc., weiter auszuleben.
Und doch sind ständig hilfreiche Geistwesen oder auch Menschen auf der Erde am Werk, diese Wesen aus ihrem selbst geschaffenen Bewusstseinszustand zu be-

freien. Sobald die Wesen erkennen, dass sie gestorben sind, und um Hilfe bitten, können sie ihre Reise in höhere Ebenen der geistigen Welt fortsetzen. Diese Zwischenwelt ist also niemals eine Endstation.
Die meisten Verstorbenen erreichen zunächst die sogenannte Orientierungsebene oder Ebene der Illusionen. Das ist ein Ort der Eingewöhnung in die neue Umgebung und der Erweckung spezifischer geistiger Fähigkeiten, die im begrenzten Körper der Sinneswahrnehmungen abhandengekommen sind. Wir sind unsere Gedanken und nun zeigt sich, dass sich alles, was sich jemand wünscht oder vorstellt, unmittelbar manifestiert.
Die meisten vorliegenden Jenseitsschilderungen stammen aus dieser Ebene. Es ist dabei sehr auffällig, dass die Polarität und auch das Ego mit seinen erdwärts gerichteten Wünschen noch keineswegs überwunden sind. Viele Verstorbene halten das für den Himmel, da sich all ihre Wünsche und Vorstellungen unmittelbar erfüllen – vom astralen Süppchen, vom Fußballspielen, von der Manifestation eines Wunschhauses oder schöner Landschaften. Das alles wirkt noch außerordentlich irdisch.
Die astrale Welt ist eine Sphäre der Illusion und es fehlt die geistige Erkenntnis, dass wir ewige Wesen sind und unser Bewusstsein unbegrenzt ist. Viele erkennen irgendwann, dass es um geistiges Wachstum und Streben geht, nicht jedoch um das Anhaften an materiellen oder irdischen Dingen. Angst, Schmerz und Sorgen sind zwar aufgehoben, es geht jedoch um die Überwin-

dung der Seele, die hier ihre Heimat hat. Es gibt durchaus noch feinstoffliche Formen, doch in der geistigen Weiterentwicklung geht es um die Verschmelzung mit dem göttlichen Licht jenseits aller Form.
Das ist ein Prozess, der in die ewige Glückseligkeit jenseits menschlicher Vorstellungen führt, in die Allgegenwart der Liebe. Sobald einem Verstorbenen bewusst wird, dass er mehr ist als sein Erden-Ich und seine Seele, erkennt er die Illusionen des Erdenlebens, seiner irdischen Identität oder aller Rollen, die er in seinem Leben gespielt hat, als etwas Vorübergehendes. Der Wunsch bzw. die Sehnsucht nach der göttlichen Liebe erwacht.
Jeder, der sich freiwillig – der freie Wille besteht weiter – in die höheren Lichtwelten entwickeln will, muss sich mit der Rückschau auf sein vergangenes Leben auseinandersetzen, um die Reste erdwärts gerichteten Strebens zu überwinden. Diese Phase der Erinnerung, also der intensive Lebensrückblick, ist die Voraussetzung, um in die höheren Jenseitsregionen aufzusteigen. Natürlich gibt es auch Menschen, die nicht viel zu bereuen haben und auf direktem Wege in das Licht eingehen. Das sind Wesen, die sich schon zeit ihres Lebens transformiert haben und erkannten, dass sie ewige geistige Wesen sind.
Das Wissen darum, dass wir uns alle eines Tages ungeschminkt selbst ins Gesicht schauen werden, könnte das gegenwärtige Leben erleichtern, wenn wir bereit wären, uns unseren Fehlern und Problemen zu stellen. In der Phase der Erinnerung geht es um nichts anderes, als

durch Selbstakzeptanz und Selbstliebe Eigenverantwortung für das gelebte Leben zu übernehmen. Wir haben in jedem Augenblick unseres Lebens die Wahl, wie wir auf die Herausforderungen oder Konflikte reagieren. Es geht um die Frage, ob wir Liebe gegeben haben oder den Mangel an Liebe gelebt haben. Hinter jedem Mangel steckt die Angst, nicht gut genug gewesen zu sein.
Im Angesicht des Lichtes zeigt sich, dass wir die Summe unserer selbst getroffenen Entscheidungen sind. Die Phase der Erinnerung ist Selbsterkenntnis und Heilung von den vielfältigen Illusionen des Erdenlebens. In der geistigen Welt existiert keine Zeit und deswegen kann jeder Verstorbene den Zeitpunkt selbst wählen, wann er sich der Rückerinnerung an sein vergangenes Leben stellt. Dazu gehören Mut und der Wille, sich endgültig von erdwärts gerichteten Wünschen und Denkkonzepten zu befreien. Niemand vermag in die höheren Dimensionen aufzusteigen mit unerledigten Dingen oder Angst, da diese in der Einheit des Seins nicht länger existieren können.
Nach allem, was wir aus den unterschiedlichen Quellen über das Jenseits wissen, sitzt niemand über uns zu Gericht. Wir werden nicht verurteilt, noch werden wir bestraft oder verdammt. Das sind irdische Konzepte der Dualität, der ständigen Spaltung zwischen Gut und Böse. Durch die Lebensrückschau erlangen wir ein allumfassendes Gewahrsein unseres Lebens und sehen die unterschiedlichen Bilder und Situationen gleichzeitig. Nichts kann länger verdrängt oder verschwiegen werden. Alle Auswirkungen unserer Gedanken, Worte

und Handlungen auf uns selbst und andere werden transparent.
Wenn jemand urteilt, dann sind wir das selbst. Es geht um nichts Geringeres, als zu akzeptieren, wie das Leben tatsächlich gewesen ist. Manchen fällt die Selbsterkenntnis sehr schwer und sie verharren deswegen auf der Ebene der Illusion oder entscheiden sich für eine Wiedergeburt, um an ihren Defiziten weiter auf der Erde zu arbeiten.
Wer sich so weit geläutert hat und in das allumfassende Licht aufsteigt, hat alles Menschliche hinter sich gelassen. Er überschreitet die astralen Welten der Seele, da er erkannt hat, dass selbst die Seele noch begrenzt ist und Erlösung nur im reinen Bewusstsein zu finden ist. Das erst ist der wahre Himmel der Ewigkeit und die wahre Wirklichkeit. Durch die Verschmelzung mit dem göttlichen Geist werden wir an den Ursprung unseres Seins jenseits aller Form wiedererinnert. Und doch bleiben wir in diesem Ozean von Seligkeit und Ekstase eine eigenständige Identität, die wir immer waren und sein werden. Das ist keine Auslöschung, sondern die bewusste Auferstehung in die allgegenwärtige Präsenz und Einheit des EINEN Geistes.

8. Glauben Sie an Reinkarnation?

Unter Reinkarnation wird der Glaube verstanden, dass der Mensch mehrere Erdenleben durchlaufen muss, um sich zu läutern und von altem Karma zu befreien.

Erst wenn das Rad der Wiedergeburt durchbrochen ist, ein Mensch also erleuchtet ist, ist er für immer vom Erdendasein befreit. Wir kehren als Aspekt des EINEN Lichtes in die Ewigkeit zurück.
Jeder Mensch, der auf der Erde inkarniert ist, ist den Gesetzen von Geburt und Tod unterworfen. Das ist die Begrenzung des menschlichen Lebens, und solange wir an eine Form gebunden sind, sind wir vergänglich. Wir sind hier, um zu erkennen, dass wir ewige geistige Wesen sind und durch den göttlichen Funken des höheren Selbstduals ein Gefäß des göttlichen Lichtes sind. Das ist der innere Kern eines jeden Menschen, ob bewusst oder unbewusst.
Die Vorstellung einer beständigen Wiedergeburt verbunden mit dem Karmagedanken von Aktion und Reaktion geht auf den Hinduismus zurück. Sie kann wie folgt beschrieben werden: Wir kommen so lange immer wieder, bis wir sämtliche Vergehen oder Sünden längst zurückliegender Leben bereinigt haben. Dennoch weisen die meisten Menschen keinerlei Erinnerungen an ihre vielfältigen Vergangenheiten auf. Der Reinkarnationsgedanke entstammt, bei genauer Betrachtung, der menschlichen Polarität von Gut und Böse, Richtig oder Falsch. Dahinter steht das Kausalprinzip von Ursache und Wirkung, dem auch die Seele unterworfen ist. Somit ist Reinkarnation ein Aspekt der astralen Welt.
Ich denke, dass sehr viele Menschen in den vergangenen Jahrtausenden sich nicht über die astralen Welten hinausentwickelt haben, da sie ihr erdwärts gerichtetes

Denken nicht überwinden konnten. Nicht von ungefähr wird in der Fachliteratur die astrale Welt als Orientierungsebene, als Ebene der Illusionen oder als Wunscherfüllung bezeichnet. Leider stammen aus dieser Ebene die meisten der vorliegenden Jenseitsschilderungen.

Das alles hat natürlich mit der höheren Welt des reinen göttlichen Lichtes und dem ewigen Leben nicht das Geringste zu tun. Vielen blieb nichts anderes übrig, als sich ab einem bestimmten Punkt durch ihren Irrglauben an das Karmagesetz von Ursache und Wirkung immer und immer wieder zu reinkarnieren.

Ich möchte darauf hinweisen, dass diese Notwendigkeit in der heutigen Zeit durch die Wiederkunft des Christuslichtes, das in jedem Menschen erwachen wird, nicht mehr besteht. Wir sind nicht der Körper. Wir sind eine ewige Geistidentität und daher ist die Essenz unseres Bewusstseins nicht an eine Form gebunden. Wir werden wiedererinnert daran, dass wir Liebe sind und Anteil haben am Licht des EINEN. Alles, was nicht Liebe ist, wird aufgelöst werden.

Die Vorstellung, durch das Rad der Wiedergeburt geläutert zu werden, ist dann auch kaum noch vom Sündenbegriff und den Vorstellungen von Strafe, Verdammnis oder Hölle im Christentum zu unterscheiden. Gott ist Liebe und es gibt keine Strafe und in der Einheit des EINEN Seins gibt es keine Gegensätzlichkeiten mehr. Insofern ist Wiedergeburt eine Vorstellung menschlichen Denkens. Wir alle sind aus der Urkraft hervorgegangen, die reine bedingungslose Liebe ist.

Das ist die Wahrheit der Einheit, jenseits der menschlichen Persönlichkeit und jeglicher Form. Das ist Erleuchtung, Erlösung und Freiheit.
Im Hier und Jetzt des Augenblicks, im Moment der Ewigkeit, liegt die Befreiung von der Vergangenheit sowie die Befreiung von sämtlichen Ängsten und Sorgen bezüglich der Zukunft. Was immer wir im Laufe der Jahrtausende gewesen sein mögen und wie oft wir vielleicht schon hier gewesen sind, spielt angesichts des sich ausbreitenden und uns alle einenden Christuslichtes keine Rolle mehr, sondern nur das, was in uns Liebe ist. Das ist Auferstehung und Aufstieg.

9. Wie erklären Sie Rückführungen?

Während einer Rückführung wird unter Anwendung spezifischer und unterschiedlicher Entspannungs- oder Trancetechniken ein Bewusstseinszustand herbeigeführt, der in die tiefsten Schichten des Unterbewusstseins führt. Viele berichten darüber, dass sich durch ein Sterbeerlebnis in einem früheren Leben ein Tor öffnet, das ein vergangenes Leben zugänglich macht. Die Beschreibung der Sterbeerlebnisse während einer Rückführung deckt sich absolut mit den Schilderungen der Menschen, die eine Nahtoderfahrung erlebt haben.
Das zeigt einmal mehr, dass in jedem von uns das Wissen der inneren Vorgänge vom Sterben gespeichert ist. In einer Rückführung wird ein erweiterter Bewusstseinszustand herbeigeführt. Das ist in jedem Fall not-

wendig, um verschüttete Erinnerungen zu bergen, die uns im normalen Wachzustand nicht zugänglich sind. Dann steigen aus den tiefsten Schichten des Unterbewusstseins Seelenerinnerungen auf.
Im Kontext früherer Leben ist es wichtig zu wissen, dass die Seele als Träger des Bewusstseins (Geist) und des göttlichen Funkens (höheres Selbst) feinstofflicher Natur und daher ein Aspekt der astralen Welt ist. Das bedeutet, dass die Seele Informationen und Erinnerungen ausschließlich aus der sogenannten Akasha-Chronik bezieht. Dieses Buch des Lebens ist ein gewaltiges kosmisches Gedächtnis, in dem alle Gedanken, Taten und Worte aller Menschen, die jemals gelebt haben, gespeichert sind. Das zeigt in aller Deutlichkeit, dass nichts verborgen bleibt und nicht ein Gedanke verloren geht.
In der Lebensrückschau, wie sie aus den Nahtoderfahrungen bekannt ist, ist jeder mit diesem kosmischen Datenspeicher verbunden, um die Auswirkungen seines Lebens auf sich und andere durch seinen Lebensfilm zu erkennen. Das ist ein Prozess der Gnade, der Ganzheit und der Heilung, um dann befreit von jeglicher Vergangenheit in die höhere multidimensionale und formlose Lichtwelt aufsteigen zu können. Wer diese Stufe erreicht hat, wird nicht in einen begrenzten Körper zurückkehren.
Die Seelenerinnerungen, die in einer Rückführung aufsteigen, entstammen einzig der astralen Welt einer vorläufigen Orientierungsebene, die durchaus noch feinstofflicher Natur ist. Sie ist noch geprägt vom erdwärts

gerichteten Denken und der irdischen Welt der Gegensätzlichkeiten. Die Akasha-Chronik ist Teil dieser vorläufigen Welt, da in der Einheit des Göttlichen alle Gegensätzlichkeiten aufgehoben sind. Nun ist jedoch alles, was nicht Liebe ist, Illusion und somit vergänglich.
Eine Rückführung führt uns also in eine Scheinwelt, die nichts mit der höheren Lichtwelt zu tun hat. Durch die Anbindung an alles, was jemals geschehen ist, kann der Eindruck, einem früheren Leben auf die Spur gekommen zu sein, durchaus eine Berechtigung haben. Inwieweit aber Informationen oder Seelenerinnerungen aus einer noch begrenzten und vorläufigen Welt von Relevanz sein sollen, bleibt für mich ein Rätsel, zumal diese Erinnerungen noch polaren Karmagedanken von Ursache und Wirkung unterworfen sind.
Der Mensch wird sich mit dem Gedanken auseinandersetzen müssen, dass jegliche Inkarnationen in einem Körper vergänglich und vorläufig sind und immer waren, was zwangsläufig mit Angst und Leid verbunden ist. Die astrale Welt ist eine Zwischenebene, um sich für die Freiheit, die Liebe und die Erlösung zu entscheiden oder den Kreislauf der Wiedergeburt, wie ein Hamster im Käfig, wieder und wieder zu erleben. Diese grundsätzliche Entscheidung muss jeder von uns angesichts der Wiederkunft des Christuslichtes treffen: Angst oder Liebe, Freiheit oder Begrenzung.
Da sämtliche Informationen über frühere Leben in den Energiefeldern gespeichert sind, ermöglicht das während einer Rückführung einen Zugang zu diesen Informationen über alle Menschen. Die Frage stellt sich, ob

es sich dann tatsächlich um eigene Erinnerungen handelt oder um ein kollektives Gedächtnis. Es stellt sich ebenso die Frage, inwieweit das Ego an der Auswahl eines früheren Lebens beteiligt ist.
Solange eine Rückführung dabei behilflich ist, ein tief sitzendes Trauma aufzulösen – ob aus diesem Leben oder einem früheren –, kann die Beschäftigung mit der eigenen Innenwelt dazu beitragen, mit sich ins Reine zu kommen, unabhängig von der Therapieform. Durch den Bewusstseinswandel in unserer Zeit werden wir aufgefordert, jegliche Vergangenheit aufzulösen, zu welcher Zeit auch immer Erinnerungen an ein früheres Leben in uns gespeichert sind. Nur so gelangen wir in die Gegenwart des Hier und Jetzt, um das begrenzte menschliche Bewusstsein zu transzendieren.

10. Gibt es Engel?

Engel sind reale geistige Kräfte, also energetische Wesen, die zwischen Himmel und Erde, Gott und Mensch vermitteln. In der Bibel wird berichtet, dass Gott sich entweder direkt an den Menschen wendet oder sich Boten bedient, die wir als Engel bezeichnen, als Botschafter Gottes. Die Existenz der Engel wird belegt durch immer wieder beschriebene sichtbare äußere Erscheinungen oder sie werden innerlich als reine Bewusstseinsenergie wahrgenommen.
Sie überbringen Nachrichten, sind Vermittler, trösten und schützen. Engel verweisen auf den wesensmäßigen

Unterschied zwischen der Welt des reinen Geistes der Liebe und der grobstofflichen materiellen Welt.
In der Theologie wurde von Dionysius Areopagita ein System der himmlischen Ordnungen eingeführt. Er teilte die Engelhierarchie in dreimal drei Gruppen: Die erste Hierarchie sind die Seraphime, Cherubime und Throne, die zweite Hierarchie sind Herrschaften, Kräfte und Gewalten, die dritte Hierarchie Fürstentümer, Erzengel und Engel.
Sie alle sind Aspekte des allumfassenden Schöpferbewusstseins und bilden eine Einheit. Leider meint der Begriff Hierarchie im heutigen Sprachgebrauch Rangordnung oder Rangfolge in einem Über- und Unterordnungsverhältnis. Dionysius versteht unter dem Wort Hierarchie »die Schönheit des göttlichen Urgrundes als widerspiegelnde heilige Ordnung, die danach strebt, sich ihrem Urgrund anzugleichen«.
Dahinter steht die Idee einer stufenweisen Vollendung, wobei die Hierarchie der Engel als Gottes Weg zu den Menschen angesehen werden kann. Die Rolle der Engel ist es also, mit den Menschen zu arbeiten, sie zu heilen, zu lieben und zu inspirieren, da wir alle das Potenzial der Anbindung an den göttlichen Urgrund in uns tragen. Engel erinnern uns daran, dass wir immer schon mit Gott eins waren. Sie strahlen vollkommene bedingungslose Liebe aus und sind geistige Wesen des EINEN Lichtes.
Auch in den Nahtoderfahrungen wird immer wieder von Begegnungen mit Engeln berichtet. Sie fungieren dabei als Begleiter in die andere Welt. Manche be-

schreiben die konkrete Gegenwart ihres persönlichen Schutzengels, der ihre Hand hielt. Die Berührung ist dabei verbunden mit einem tiefen Gefühl der Geborgenheit. Besonders in den Nahtoderfahrungen von Kindern wird von der Präsenz der Engel berichtet. Von Erwachsenen werden sie weniger häufig wahrgenommen. Auch die Rückkehr in den Körper ist mit der Anwesenheit von Engeln verbunden. Eine Frau erzählte mir, dass sie einen großen Engel in einem weißen Gewand und hell leuchtenden Flügeln vor sich stehen sah. Er forderte sie auf, in den Körper zurückzukehren, da ihr Leben noch längst nicht zu Ende sei.

11. Gibt es einen Unterschied zwischen Engeln, Geistführern und Geistwesen?

In der Jenseitswelt begegnen wir nicht nur verstorbenen Angehörigen, sondern sie ist auch die Heimat von Lichtwesen, liebevollen Geistwesen oder von Engeln. Wie wir schon gesehen haben, gelten Engel als Boten Gottes, als Vermittler zwischen Diesseits und Jenseits. Grundsätzlich halte ich es für schwierig, Geistwesen und Engel direkt auseinanderzuhalten, da sie alle himmlische Helfer sind. Ob sich ein Verstorbener meldet oder ob jemand glaubt, mit seinem Geistführer in Verbindung zu sein oder eine Engelerscheinung erlebt – allen gemeinsam ist, dass es sich um Wesen des Lichtes handelt, die nichts anderes versuchen, als uns durch ihre Präsenz zu unterstützen, damit wir an den

Herausforderungen des Lebens wachsen können. Ihre wahrgenommene Form ist jedoch sicher vom kulturellen Hintergrund des Erlebenden bestimmt.
Ganz allgemein werden Geistwesen als eine individuelle, vom Körper unabhängige Existenz angesehen. Unter einer Geistererscheinung wird der körperlose Geist oder das Abbild einer verstorbenen Person verstanden, die als lebendig wahrgenommen wird. In den Nahtoderfahrungen gehören Begegnungen mit Lichtwesen oder Verstorbenen zum typischen Ablauf.
Der einzige fassbare Unterschied zwischen Engeln und anderen Geistwesen mag in unterschiedlichen energetischen Schwingungen liegen. Nach den vorliegenden Schilderungen können wir davon ausgehen, dass Engel der reinen Welt des göttlichen Geistes zugeordnet werden können, also direkt mit der Quelle allen Seins verbunden sind. Wenn sie mit uns in Verbindung treten wollen, ist das davon abhängig, inwieweit wir imstande sind, derartige hohe Schwingungen überhaupt auszuhalten bzw. diese als solche zu erkennen. Engel begleiten uns ein Leben lang.
Geistführer gelten als spirituelle Lehrer, die unsere geistige Weiterentwicklung befördern, dies tun auch eine Vielzahl von Lichtwesen. All diese Wesen sind ein Aspekt der Liebe Gottes zu seinen Geschöpfen.
Verstorbene versuchen, mit uns in Kontakt zu treten, um uns auf ein Leben nach dem Tod aufmerksam zu machen. Aus der Vielheit derartiger Erfahrungen können wir erkennen, dass immer Hilfe da ist, wenn wir darum bitten und die inneren Impulse deuten können.

Es sei in diesem Gesamtzusammenhang darauf verwiesen, dass es nicht die Aufgabe geistiger Wesen oder Engel ist, Antworten auf persönliche Fragen zu geben oder uns vor Fehlern zu bewahren. Sie erleben unsere Welt und Entwicklung nicht aus der Dualitätsperspektive, sondern aus einer allumfassenden Sicht. Ihre Hilfe besteht darin, uns in die eigene innere Kraft zu bringen, und sie unterstützen uns dabei, selbst die Verantwortung zu übernehmen für unser Glück und Leid und alles, was auf der Erde geschieht. Wir sind aufgerufen, die Schattenseiten in uns ebenso anzunehmen wie Kraft und Liebe. Geistwesen oder Engel greifen jedoch grundsätzlich niemals in unser Leben oder unsere Entwicklung ein, denn dadurch wird der freie Wille außer Kraft gesetzt.
Die uns entgegengebrachte Liebe und das Verständnis für unsere Schwächen werden in den Kontakten mit Geistwesen innerlich spürbar. Das soll uns ermuntern, die eigenen Probleme anzugehen. Geistwesen sind jedoch nicht dafür da, uns unsere Lebensaufgabe vor Augen zu führen oder Antworten zu geben auf banale Alltagsprobleme. Ebenso wenig helfen sie uns aus schwierigen Situationen, die eigentlich unserem Wachstum dienen.
Geistwesen sind zu jeder Zeit mit klarer und ruhiger Präsenz an unserer Seite. Leider werden sie von vielen Menschen weder wahrgenommen noch gespürt. Viele wünschen sich, geistige Helfer an ihrer Seite zu spüren. Wer sich dieser anderen Welt annähern möchte, sollte das keineswegs aus einer verklärten oder euphorischen Vorstellung davon versuchen. Es gibt zahllose Wesen,

die versuchen, sich von der Aufmerksamkeit der Menschen zu ernähren. Da die Energie der Aufmerksamkeit folgt, können sie davon profitieren. Darum prüfe die Geister, mit denen du es zu tun hast.
Weder Engel noch Geistführer können uns davor bewahren, dem zu begegnen, was wir angezogen haben. Niemand kann uns eigene Lernschritte, Herausforderungen, Erkenntnisse oder Erfahrungen abnehmen. Im Umgang mit der geistigen Welt ist es wichtig, Unabhängigkeit und Selbstständigkeit zu bewahren, um die Wahrheit aus dem eigenen Inneren heraus sehen zu können und zu fühlen. Dafür ist immer auch Erdung wichtig. Dann kann man die Wahrheit im eigenen Körper in jeder Zelle spüren.

12. Wie muss ich mir die Kommunikation mit dem höheren Selbst in mir vorstellen?

Jeder Mensch trägt in seinem innersten Kern den göttlichen Funken des höheren Selbst. Das ist der ewige, unverkörperte Aspekt von uns selbst, der in die geistige Welt hineinragt. Das sollte nicht mit der Seele verwechselt werden, die der feinstoffliche Träger des Bewusstseins, also des Geistes ist. Die Heimat der Seele sind die astralen Welten, das höhere Selbst jedoch ist die Präsenz Gottes in jedem von uns, das Ewige und Überzeitliche.
Das höhere Selbst teilt sich mit durch die innere Stimme der Intuition und sendet Impulse. Es ist die Liebe in uns, die wir von unserem geistigen Wesen her sind und

die sich durch uns in der Welt entfalten will. Wenn wir immer wieder die Ruhe und Stille suchen und in uns hineinhorchen, werden wir den ewigen unveränderbaren Kern unserer Persönlichkeit spüren. Wir machen dann die Erfahrung, dass wir unendlich geliebt werden, und Liebe und Wärme durchströmen uns von innen nach außen. Das ist ein Bewusstseinszustand, den wir nicht selbst herstellen können.

Daran können wir erkennen, dass wir in der Anbindung sind, und begegnen unserem innersten Kern, der von manchen auch als Heiliges Herz bezeichnet wird. Dadurch finden wir inneren Frieden, Geborgenheit und Freude und sind in unserer Mitte. Je mehr wir dieser inwendigen Präsenz vertrauen und uns ihr hingeben, bekommen wir Antworten auf alle Fragen nach dem Ziel und Sinn unserer Existenz und erhalten Zugang zu unbegrenztem geistigen Wissen.

Mein höheres Selbst heißt Gregory. Bevor seine Botschaften begannen, hatte ich zwei äußerst merkwürdige Träume. Es begann vor acht Jahren und hat mich damals sehr irritiert, zumal ich mit den Bildern nichts anfangen konnte. Im ersten Traum sah ich einen jungen Mann auf einer Leichenbahre, der mit einem Tuch bedeckt war. Plötzlich wurde das Tuch zur Seite geschlagen und der junge Mann schaute mich einfach an. Im zweiten Traum war er dann in eine Babyhaut gehüllt, was offenbar symbolisierte, dass er lebendig ist. Im Herbst 2007 erschien mir der Mann im Traum und sagte, dass sein Name Gregory und er mein höherer Selbstdual sei. Das verwirrte mich sehr, aber ich spürte

zusehends eine Präsenz in meinem Inneren. Immer häufiger traten unvermittelt Sätze in meinen Kopf, die telepathisch übermittelt wurden.
Meine Freundin riet mir, die Botschaften aufzuschreiben. Die allererste Botschaft war: »Du brauchst nur mich«, was mich damals verwunderte. Doch dieser Satz sollte zum Mantra werden, die Präsenz Gregorys anzunehmen und ihm bedingungslos zu vertrauen. Dadurch erhielt ich Zugang zu höherem geistigen Wissen, was mir bis heute immer weiter übermittelt wird. Jeder hat diesen Zugang, wenn er sich seinem höheren Selbst öffnet.
Neulich fragte mich ein Journalist während eines Interviews, wie es Gregory heute gehe. Ich glaube, dass eine solche Frage nicht gestellt werden kann, da Gregory als höheres Selbst innerhalb des göttlichen Funkens ein ewiger Seinszustand ist. Wenn Sie das wissen und den Kern Ihrer Persönlichkeit nutzen, führt das zu innerem Frieden und Sie vermögen die Fallstricke der begrenzenden Ängste Ihres Egos zu durchschauen.

13. Erfahren Menschen in Kontakten mit dem Jenseits oder in den Nahtoderfahrungen Gott? Glauben Sie an Gott?

Wer sich mit dem universalen Sterbegeschehen intensiv auseinandersetzt, erkennt in aller Deutlichkeit, dass hinter allem Sein eine Urkraft steht, aus der wir kommen und in die wir nach unserem irdischen Leben zurückkehren. Diese Kraft, die wir Gott nennen, ist reines Bewusstsein, Liebe und als Essenz des Lebens an sich in jedem Menschen vorhanden. Ohne den göttlichen Funken in uns wären wir gar nicht lebensfähig. Unabhängig davon, ob der Mensch an Gott glaubt oder nicht, ist jeder Einzelne von uns von SEINER Präsenz durchdrungen.

Insofern muss ich die Frage, ob ich an Gott glaube, eindeutig mit Ja beantworten. Gott ist für mich ein allgegenwärtiges Sein, das sowohl das Jenseits als auch das Diesseits umfasst. In den Berichten der Mystiker und Nahtoderfahrenen wird Gott als Licht wahrgenommen, das eine Liebe ausstrahlt, die wir so auf Erden nicht kennen. Die Menschen berichten davon, ein winziger Aspekt dieses Lichtes zu sein, als Teil eines großen Ganzen.

Diese bedingungslose, vorurteilsfreie Liebe hat nicht das Geringste mit christlichen Vorstellungen von Strafe und Verdammnis zu tun. Das sind irdische Sichtweisen, die aus der Polarität von Gut und Böse selbst auf Gott projiziert worden sind. Derartige Vorstellungen finden sich in allen Religionssystemen, gleich welcher Art, und haben zu dem Wahn geführt, im Namen Gottes zu töten – was tagtäglich in der Welt geschieht.

Nachdem ich mich nun dreißig Jahre mit Nahtoderfahrungen oder sonstigen erweiterten Bewusstseinszuständen befasst habe, erscheint mir die Hauptaussage aller Erlebenden, dass Gott Liebe ist als Ursache allen Seins. Das bedeutet nichts anderes, als dass keine Seele verloren gehen kann. Wir sind nicht nur SEINE Geschöpfe, sondern ewige geistige Wesen. Unsere geistige Essenz ist nicht an eine Form oder einen Körper gebunden. Deswegen sind wir nie von Gott getrennt. Es sind die Illusionen und Täuschungen des Erdenlebens, die zu dem Glauben geführt haben, ein Körper zu sein. Wenn wir sterben, erwachen wir in die Liebe und stellen fest, wie wenig Liebe wir bereit waren zu geben. Doch diese Bewusstseinszustände gehen vorüber und sind noch stark von irdischen Erfahrungen von Angst, Leid und Schmerz geprägt. Nahtoderfahrungen weisen in vielen Fällen tief gehende spirituelle Erlebnisse mit mystischem Charakter auf. Das begrenzte Erdenbewusstsein wird transzendiert und manche erleben eine kosmische Einheitserfahrung, in der eine Verbundenheit mit allem Wissen und eine Verschmelzung mit Gott stattfinden. Alle Fragen nach dem Sinn des Lebens werden zugänglich.

Das kosmische Einheitsgefühl ist ein Bewusstseinszustand jenseits des Körpers, in dem sich alle Ängste auflösen. Das ist wie ein Gewahrwerden aller inneren Zusammenhänge und alles wird gleichzeitig erlebt. Der innerste Kern der Gotteserfahrung verweist auf eine immerwährende Philosophie jenseits religiöser Dogmen: die EINE Quelle allen Seins. Von ihrem Wesen her ist die höchste Wirklichkeit der Gottesliebe für den Menschen unfassbar. Doch wird sie in den Nahtoderfahrungen als höchste Glückseligkeit, als Licht, das Frieden, Geborgenheit und Freude vermittelt, beschrieben. Der schöpferische Geist Gottes offenbart sich hinter allen materiellen Erscheinungen.

Es ist bemerkenswert, dass sich die Metaphern der Umschreibungen der Gottesbegegnungen durch die Jahrtausende ähneln. Im Angesicht des Lichtes sind wir wieder reines Bewusstsein. Gott steht über aller Essenz und lässt sich nicht durch menschliche Worte, Vorstellungen oder Begriffe fassen. Und doch ist SEINE Gegenwart in uns und um uns herum, da sie allgegenwärtig ist. Alles im Universum ist durch SEINE Liebe miteinander verbunden, da es im Einssein keine Grenzen gibt. Gott durchdringt alles Sein, den Raum und den Nichtraum sowie alle Materie. ER ist die einzige Essenz und die wahre Wirklichkeit. Derartige Erfahrungen finden wir ebenfalls in mystischen Texten, in spontanen spirituellen Durchbrüchen oder tiefen Meditationen.

14. Warum lässt Gott das Leid zu?

Gott ist Liebe und ER will unser Glück und unsere Freude. Wir haben einen freien Willen, in den Gott nicht eingreift. Wir leben in der Gegensätzlichkeit, in der Dualität, und können beständig wählen, ob wir auf die Herausforderungen unseres Lebens mit Angst oder Mangel an Liebe reagieren oder mit Liebe. Es sind die Illusionen des Egodenkens, die uns im Außen nach Erfüllung und Frieden suchen lassen. In Wirklichkeit finden wir bedingungslose Liebe nur in unserem Inneren, wo wir durch den göttlichen Funken immer mit Gott verbunden sind, unabhängig davon, ob uns das bewusst ist oder nicht.

Wir wissen, dass wir sterblich sind und unser Leben auf der Erde begrenzt ist. Was nun das Leid betrifft, so geht das niemals von Gott aus, sondern es ist der Mensch, der sich durch seine Gedanken, Worte und Taten das Leid selbst erschafft. Es gibt keine böse Macht außerhalb von uns, sondern alles Böse entsteht aus dem freien Willen des Menschen, aus seinem Mangel an Liebe. Alles Machtstreben, alle Konflikte und Kriege sind menschengemacht. Das hat mit der Liebe Gottes zu seinen Geschöpfen nicht das Geringste zu tun.
Solange der Tod gefürchtet wird, als wäre er das Schlimmste, was uns widerfahren kann, bzw. eine Strafe Gottes für ein Fehlverhalten, werden wir nicht akzeptieren können, dass wir vorübergehende sterbliche Wesen sind. Wir machen uns im Außen abhängig von Fremdurteilen und lernen schon als Kinder, die Bedürfnisse anderer wichtiger zu nehmen als die eigenen. Das führt dazu, dass Zuwendung und Zuneigung an Bedingungen und Erwartungen geknüpft sind, und das umso mehr, wenn wir uns der äußeren Welt zuwenden.
Wir wählen also selbst, unglücklich zu sein, und bilden Krankheiten oder Leid heraus. Kränkungen des Selbstwertgefühls führen dazu, sich selbst nicht annehmen zu können. An diesem Kreislauf zeigt sich ein weiteres Mal, dass es die Nichterkenntnis der Liebe in uns ist, die Leid und Schmerz sowie beständige Gefühle von Mangel und Schuld erzeugt. In Wahrheit werden wir von einer Macht geliebt, die so viel größer ist als wir. Da das für viele Menschen nicht fassbar ist, entwickeln

sie Blockaden der Angst, die sie nicht frei machen, sondern tiefer ins Leid führen.
Würden wir die Liebe zur Richtschnur unseres Handelns erheben, könnte sich die Welt in kürzester Zeit zum Guten wenden. Sobald der Mensch jedoch von schweren Schicksalsschlägen getroffen wird oder Naturkatastrophen, Krieg und Flucht in Kauf nehmen muss, wird die Frage gestellt: »Warum lässt Gott das zu?« oder »Warum geschieht mir das?« Nichts im Leben geschieht zufällig und unser Leben ist einem beständigen Wandel unterworfen. Das Leben ereignet sich, aber nicht unbedingt immer so, wie wir das gerne hätten.
Nicht Gott erschafft das Leid, sondern es ist in den meisten Fällen schicksalsgebunden oder die Folge menschlicher Handlungen. Hinter jeder Krankheit, hinter jedem Todesfall sowie jedem Verlust steht die Aufforderung, die mitunter schwierigen Situationen anzunehmen, um daran geistig zu wachsen. Leid und Schmerz sind etwas Vorübergehendes, damit wir an Mitgefühl und Liebe reifen können.
Wir werden mit unseren wahren Gefühlen konfrontiert, was oft Hilflosigkeit, Aggressionen, Wut und Zorn hervorruft, wenn sich unsere Erwartungen an das Leben nicht erfüllen. Allzu leicht machen wir andere für unser Leiden verantwortlich, woraus stets nur neuer Schmerz resultiert im Spannungsfeld zwischen Wut, Enttäuschung, Schuld und Übergriff. Das sind typische Reaktionen des Egos. Wir bestrafen uns in Wirklichkeit jedoch nur selbst, wodurch der innere Leidensdruck erhöht wird.

Wie schwer ein Verlust auch sein mag – wir können die Dinge nur in ihrem Sosein annehmen. Das ist der einzige Weg aus dem Leid heraus. Sinnlose Warum-Fragen oder Wenn-dann-Überlegungen machen das Leben zur Hölle.
Widerstände im Leben sind oft ein Tor, die innewohnende Kraft der bedingungslosen Liebe Gottes im Kern unserer Persönlichkeit zu erschließen. Dann können wir alles Leid überwinden, loslassen und inneren Frieden finden.

15. Was ist Bewusstsein bezogen auf ein Leben nach dem Tod?

Bewusstsein ist nicht an Raum und Zeit gebunden und existiert unabhängig vom Körper. Alles im sichtbaren und unsichtbaren Universum ist Bewusstsein, eine Art Informationsenergie, aus der wir kommen und in die wir zurückkehren nach unserem Tod, ohne Anfang, ohne Ende. Wenn während einer Nahtoderfahrung davon berichtet wird, einen erweiterten Bewusstseinszustand erlebt zu haben, bedeutet das nichts anderes, als dass das Erden-Ich übergeht in ein höheres allumfassendes Bewusstsein, das immer schon da war. In dieser reinen Bewusstseinsenergie erfahren wir, wer wir in Wirklichkeit sind.
Bereits während unseres Lebens offenbart sich Bewusstsein dadurch, dass jeder Einzelne ein unverwechselbares individuelles Wesen ist. Jeder erlebt die Welt in

seiner subjektiven Art und Weise. Wir sind einmalige Wesen, da niemand außerhalb von uns selbst die Welt genauso erlebt wie wir.

Bewusstsein ist also ein Sein an sich, das dem Menschen ermöglicht, über sich selbst zu reflektieren und sich selbst als Individuum wahrzunehmen. Als Menschen sind wir eingebunden in ein höheres göttliches Bewusstsein, das hinter unserer Persönlichkeit steht. Das wahre Ich oder das wahre Selbst ist ein Aspekt dieses Überbewusstseins. Wir erkennen, dass wir freie autonome und unbegrenzte Wesen sind und nicht der Körper. Unser Ego fürchtet seinen Untergang und versucht zu verhindern, dass wir das Potenzial der reinen Liebe und des reinen Bewusstseins in uns erkennen und entfalten. Bewusstsein ist endlos, das Ego hingegen begrenzt und sterblich.

Jeder trägt den göttlichen Funken in sich, ohne den wir gar nicht lebensfähig wären, ob uns das bewusst ist oder nicht. Deswegen sind wir auch nie von Gott getrennt.

Bewusste Wahrnehmung auch außerhalb des Körpers ist die Voraussetzung für ein Leben nach dem Tod. Wir sind Energiewesen und der physikalische Energieerhaltungssatz besagt, dass Energie nie verloren gehen kann. Es gibt kein letztes Teilchen, sondern nur einen Wandel der Form.

Aus den Nahtoderfahrungen wissen wir, dass es objektive Kriterien gibt, die den Übergang in die andere Welt umschreiben. Eines davon ist, dass die spezifische Identität der Persönlichkeit erhalten bleibt. Wir erle-

ben nach dem Verlassen des Körpers nicht nur eine Bewusstseinskontinuität, sondern erfahren eine immense Bewusstseinserweiterung. Das ist eine Art Gewahrsein, durch das wir imstande sind, Dinge gleichzeitig zu erfassen, an die wir denken oder auf die wir uns fokussieren.
Diese Wahrnehmungen sind nur durch ein höheres Bewusstsein möglich, da sie uns im Alltag der irdischen Existenz nicht zugänglich sind. Wir sind in ein größeres endloses Bewusstsein eingebunden. Das wird in den Nahtoderfahrungen bezeugt: Erlebende haben Zugang zu einem Wissen, das ihnen durch die irdischen Sinneswahrnehmungen nicht zugänglich ist. Alles in der geistigen Welt ist Bewusstseinsenergie. Dadurch werden eben auch konkrete Gegebenheiten des Lebens nach dem Tod geschaut. Die Essenz des Menschen löst sich nicht auf, sondern das Ewige einer spezifischen Geistidentität scheint auf als Teil eines Ganzen.
Alles ist Energie und Energie ist Bewusstsein. Alles, was wir denken, was wir aussprechen und was wir tun, ist in den uns ständig umgebenden Bewusstseinsfeldern gespeichert, was sich in der Lebensrückschau zeigt. Dadurch sind wir überhaupt nur imstande, die wahren Gesamtzusammenhänge unseres Lebens zu erfassen. Bewusstsein durchdringt alle Welten und belebt den Kosmos. Bewusstsein ist ein universelles Phänomen, die Grundlage des Lebens in dieser und der anderen Welt.

16. Haben auch Tiere ein Leben nach dem Tod?

Eine der häufigsten Fragen, die mir immer wieder gestellt werden, ist die Frage, ob auch Tiere in die jenseitige Welt eingehen. Das ist eindeutig mit Ja zu beantworten. Für ein Tier endet mit dem Sterben ein Abschnitt seiner Existenz, um dann in einer anderen Dimension weiterzuexistieren. In diesem Zusammenhang ist es überaus wichtig, ein Tier loslassen zu können. Auf einer tieferen Ebene bleiben wir durch unsere Liebe immer mit dem Tier verbunden.

Tiere haben eine eigene Persönlichkeit und ein eigenes Bewusstsein, nicht jedoch die Fähigkeit zur Selbstreflexion des Menschen. Deswegen kehren sie nach ihrem Tod in ihre Gruppenseele (Art, Rasse) zurück. Dennoch verfügt ein Tier, wie alles Lebendige, über den göttlichen Lebensfunken, der allein lebenspendend ist. Dieser Geistesfunke ist unzerstörbar, unabhängig davon, in welcher Form er inkarniert ist, ob als Hund oder Katze, Schwein oder Adler, Hamster oder Goldfisch.

Tiere haben ein Gespür für ihre spirituelle Natur. Dieses intuitive Bewusstsein lässt sie Leben und Tod als einen natürlichen Kreislauf ansehen. Nur der Mensch kann durch starke emotionale Bindungen ein Haustier dazu bringen, sich an eine quälende Existenz zu klammern, um ihm selbst Leid zu ersparen.

Die Verbundenheit zwischen Mensch und Tier bleibt über den Tod hinaus bestehen und es gibt viele Beispie-

le, dass auch ein geliebtes Haustier sich nachtodlich bemerkbar macht.
Es werden durchaus ähnliche Phänomene erlebt wie in den weit verbreiteten Begegnungen mit Verstorbenen. Haustiere halten sich weiterhin in ihrer gewohnten Umgebung auf. Sie geben Zeichen ihrer Anwesenheit und versuchen, den Menschen im Schmerz über ihren Verlust zu unterstützen. Manche nehmen Lichter wahr oder haben intensive Begegnungen im Traum. Medien berichten davon, in ihren Sittings geliebte Haustiere wahrgenommen zu haben. In den Nahtoderfahrungen kommt es auch gelegentlich zu einer Begegnung mit verstorbenen Haustieren.
Ein weiteres Mal wird bewusst, dass es Liebe ist, die uns mit den Verstorbenen ebenso wie mit unseren Tierfreunden verbindet. Da alles Sein Bewusstseinsenergie ist, gibt es keine Auslöschung des Bewusstseins, weder bei Menschen noch beim Tier. Es gibt lediglich unterschiedliche Bewusstseinsformen. Daher ist alles Leben eingebettet in ein ewiges höheres Sein.

Epilog

Das Wissen um die inneren Vorgänge beim Sterben und die Einblicke in das Leben nach dem Tod konfrontieren uns mit der Frage nach dem Sinn unseres Lebens.

Den Sinn unseres Lebens sehe ich darin, seelisch und geistig zu wachsen und lieben zu lernen. Vielen Quellen zufolge – z. B. Rückführungen, spontan auftretende Erinnerungen an frühere Leben oder Aussagen von Medien – haben wir uns freiwillig dazu entschieden, auf der Erde geboren zu werden. Da wir in einer Zeit immensen Bewusstseinswandels leben, haben sich besonders viele Seelen entschieden, sich auf der Erde zu inkarnieren, um an diesem Wandel Anteil zu haben. Das erklärt die zunehmende Überbevölkerung.

Wir leben in der Zeit der Wiederkunft des Christuslichtes, damit wir erlöst und auferstehen können in die Ewigkeit. Solange wir erdwärts gerichtetes Denken, unser Ego und den Verstand zu den Herren unseres Lebens erheben, begrenzen wir uns durch die äußere Realität einer gespaltenen Welt zwischen Gut und Böse.

Viele Menschen fühlen sich entwurzelt, sind depressiv und antriebslos geworden, auf der beständigen Suche nach äußerer Erfüllung, die niemals in letzter Konsequenz befriedigt werden kann. Wir werden geboren mit einer inneren Sehnsucht nach Liebe, Geborgenheit und Glückseligkeit, die unsere wahre geistige Heimat ist. Das Licht der Liebe des Christus, das alles Sein durchdringt, erinnert uns daran, woher wir gekommen sind. In unserer heutigen Zeit geht es darum, sich dessen bewusst zu werden, dass ein kollektives Erwachen in die Liebe bevorsteht.

Krisen und Kriege verängstigen viele Menschen so lange, bis sie verstehen, dass dahinter das letzte Aufbäumen der alten und überholten Machtstrukturen steht. Sie zweifeln dann an der Sinnhaftigkeit des Lebens, statt dem Geschehen durch Liebe und Mitgefühl zu begegnen.

Den tieferen Sinn unseres Lebens erfahren wir dadurch, dass wir den Herausforderungen des Lebens ins Auge blicken und nicht länger versuchen, Konflikte oder auftretende Widerstände zu verdrängen. Dadurch schneiden wir uns von unserem schöpferischen Potenzial ab und erkennen nicht, dass die Antwort auf alle Fragen in unserem eigenen Inneren in Form des höheren Selbst vorhanden ist.

Wer sich der inneren Stimme seiner Intuition versperrt, sucht stets im Außen nach Antworten, nach dem Sinn des Lebens oder seiner Berufung. Alle Krisen, die wir zu durchstehen haben, alle Ängste, alle Konflikte, alles Leid und Schmerz sowie Verluste jeder Art oder Krankheiten, mit denen wir konfrontiert werden, haben den tieferen Sinn, an diesen Umständen zu wachsen.

Wann fangen wir an, uns mit dem tieferen Sinn unseres Lebens zu beschäftigen? Meist nicht dann, wenn es uns vermeintlich gut geht und alles wie von selbst gelingt. Wir werden aufgerüttelt, wenn es uns schlecht geht und wir Probleme haben, die wir am liebsten gar nicht wahrhaben wollen, wenn wir krank werden oder den Tod eines Angehörigen zu bewältigen haben. Wir sind hier, um bestimmte Erfahrungen zu machen, die nur in einem Körper möglich sind. Deshalb bleibt es den meisten Menschen eben nicht erspart, Schmerz und Leid zu erfahren.

Wir haben die Wahl, wie wir mit den Herausforderungen unseres Lebens umgehen – ob wir sie annehmen oder uns dagegen auflehnen. Je mehr inneren Widerstand wir leisten, desto schwieriger wird es sein, einen Sinn darin zu erblicken. Wenn wir den Schmerz eines Verlustes jedoch annehmen und durch ihn hindurchgehen können, machen wir die Erfahrung, mit unserem inneren Kern des höheren Selbst in Berührung zu kommen und an den Umständen zu wachsen.

Das führt zu mehr Mitgefühl mit uns selbst und anderen und lässt erkennen, dass nur die bedingungslose Liebe heilt. Wer beispielsweise den Verlust eines geliebten Menschen annimmt, wird sich dessen bewusst, dass dies einen Wendepunkt in seinem Leben darstellt. Wer durch die Trauer gegangen ist, ist nicht mehr derselbe Mensch, der er zuvor gewesen war. Vieles, was früher wichtig war, verliert an Bedeutung und auch das soziale Umfeld verändert sich. In der Krise zeigt sich, wer wirklich zu einem hält und wer nicht. So mancher wächst über sich hinaus und verändert sein Leben für immer.

Es gibt mitunter Herausforderungen im Leben, von denen wir nicht gedacht hätten, sie überleben zu können. Wer sein einziges Kind durch einen Unfall verliert oder hilflos zusehen muss, wie es durch eine Krebserkrankung dahinsiecht, kommt direkt mit der Sinnfrage in Berührung. Derartige Erfahrungen sind stets mit der Frage verbunden, was ein solcher Einschnitt für unser Leben bedeutet. Welche Schritte sind möglich, um dadurch zu geistigem Wachstum zu gelangen? So mancher gelangt an den tiefsten Punkt der inneren Kraft, die ihn durch das Leiden hindurchträgt. So hat der Verlust eines Kindes bei manchen dazu geführt, eine Selbsthilfegruppe zu gründen, um mit Liebe und Mitgefühl anderen beizustehen.

Der Sinn unseres Lebens ist es zu erkennen, dass wir Liebe sind und dass wir nie von Gott getrennt sind. Schon gar nicht in den leidvollsten Stunden unseres Lebens. Das sind Gelegenheiten zu wachsen und zu reifen, demütiger und geduldiger zu werden.

Hoffnung, Mut und Zuversicht mit den Büchern von Bernard Jakoby

Wie wir die Angst vor dem Sterben überwinden

Hilfestellungen, wie wir unsere Angst vor dem Tod überwinden und Blockaden lösen können.

216 Seiten, mit CD, ISBN 978-3-485-02818-9, nymphenburger

Verzeihen ist immer möglich

Ein hilfreiches Buch über die Bedeutung der Aussöhnung im Sterben und in den Nachtodkontakten.

224 Seiten, ISBN 978-3-485-01407-6, nymphenburger

Hoffnung auf ein Wiedersehen

Konkrete Lebenshilfe für alle, die mit dem Sterben eines geliebten Menschen konfrontiert sind.

152 Seiten, ISBN 978-3-485-01301-7, nymphenburger

Auch als Hörbuch, gelesen von Bernard Jakoby:

1 CD, ISBN 978-3-7844-4224-2, Langen*Müller* | Hörbuch

Gesetze des Jenseits

Durch Bernard Jakoby spricht seine Dualseele Gregory. Sein Buch öffnet die Augen für ein allumfassendes Bewusstsein der Liebe.

208 Seiten, ISBN 978-3-485-01193-8, nymphenburger

Das Erwachen der Liebe

Präzise, eindringliche und hoffnungsvolle Durchgaben aus der geistigen Welt.

224 Seiten, ISBN 978-3-485-01371-0, nymphenburger

Wir sterben nie

Eine Übersicht über das, was wir heute durch Nahtoderfahrungen, Nachtodkontakte und moderne Rückführungserfahrungen über das Jenseits wissen können.

264 Seiten, ISBN 978-3-485-01221-8, nymphenburger

Wege der Unsterblichkeit
Wissenschaftliche Untersuchungen zeigen, dass es ein Leben nach dem Tod gibt. Daraus ergibt sich Bernard Jakobys Appell für ein würdiges Sterben.
224 Seiten, ISBN 978-3-485-01341-3, nymphenburger

Auch du lebst ewig
Die große Gesamtdarstellung der Erkenntnisse der Sterbeforschung zeigt: Haben Sie keine Angst vor dem Sterben!
224 Seiten, ISBN 978-3-485-01217-1, nymphenburger

Keine Seele geht verloren
Bernard Jakoby erklärt die geistigen Sinnzusammenhänge des plötzlichen Todes und bietet Hilfe für Angehörige.
256 Seiten, ISBN 978-3-485-01222-5, nymphenburger

Das Leben danach
Bernard Jakoby vermittelt uns Wissen über das Jenseits, was beim Sterben geschieht und wie das Weiterleben nach dem Tod beschaffen ist.
240 Seiten, ISBN 978-3-485-01215-7, nymphenburger

Begegnung mit dem Licht (CD)
Diese einfühlsamen Texte helfen bei der Sterbebegleitung und der Bewältigung von schmerzhaften Verlusten.
1 CD, ISBN 978-3-7844-4096-5, Langen*Müller* | Hörbuch

Die Brücke zum Licht
Bernard Jakoby beschreibt die Bedeutung der Nahtoderfahrungen für unser Leben.
256 Seiten, ISBN 978-3-7844-6025-3, Langen*Müller*

Geheimnis Sterben
Dieser fundierte Ratgeber für die Sterbebegleitung schildert genauestens, was beim Sterben im Menschen abläuft.
208 Seiten, ISBN 978-3-7844-2977-9, Langen*Müller*